Natasha Stefanenko

Dalle Marche con amore

Guida sentimentale alla regione
dell'Infinito

CAIRO

Illustrazioni di Alessandra Bruni
Video a cura di Giorgio Tortoni

ISBN 978-88-309-0492-7
Prima edizione: maggio 2025

Sommario

DALLE MARCHE CON AMORE

Alle Marche

Lì, dove allo sguardo nulla è escluso
e dalla montagna puoi osservare il mare
salire a te, con le sue dolci colline,
lì, dove dai freddi pungenti dell'inverno
ti riscaldi al sole della calda estate,
lì, dove la primavera ti regala il fiore
e l'autunno il colore,
proprio lì, qualche artista divino
ha plasmato le Marche,
la mia meravigliosa terra adottiva.

LUCA E NATASHA

URBINO
FRASASSI
RECANATI
RIVIERA DEL CONERO
MACERATA
S. ELPIDIO A MARE
MADONNA DELL'AMBRO
ASCOLI PICENO

Introduzione

«*So' 'rriata.*»

Passo velocemente in rassegna tutte le parole italiane che conosco ma sul momento non trovo la traduzione. Sorriata? Staccato? No, sembra una parola unica. Allora sarà il nome di un paese. «Sant'Elpidio, Monte Urano, Montegranaro…» Quanto disterà? Ferma con la mia auto in una strada quasi deserta, ai cui lati c'è per lo più una rigogliosa campagna, mi avvicino a una signora un po' in là con gli anni, che sembra trascinarsi a fatica sull'asfalto, appesantita da due borse della spesa. Ripeto convinta: «Non si preoccupi, ho il navigatore, la porto dove deve andare!».

«*Te dico che so' 'rriata!*»

Oh, ma perché si agita? Sono qui per farle un favore e mi risponde male? Penso tra me e me.

«Signora, guardi che se mi dice dove andare, col navigatore lo troviamo subito.» Insisto.

«*SO' - 'RRIATA!*» La donna svolta l'angolo ed entra nel cortile di… casa sua.

Era arrivata.

Il mio vocabolario dialettale si arricchiva della prima parola: «*so' 'rriata*», tradotta: «sono arrivata».

Quello con il dialetto marchigiano non è stato un semplice incontro, è stato un piccolo grande shock che mi avrebbe forse portata a girare tutte le Marche da nord a sud prima di trovare il famoso paesino «Sorriata», che in realtà non esiste perché «*'rriata*» è un verbo.

Vi racconto questo aneddoto perché dice molto di cosa siano le Marche, una di quelle regioni in cui chi entra viene catapultato nel mondo «reale» senza vie di mezzo e senza mezzi termini (l'esempio parla da solo), e poi perché vorrei avvisare tutti coloro che su Instagram mi chiedono quotidianamente cosa vedere, cosa fare e dove mangiare nelle Marche: ragazzi, prima le basi, dovete conoscere la lingua madre, «*lo marchishgià*», altrimenti alcune informazioni resteranno oscure. Per esempio: se vi offrissero «*lu frustingu*», quale sarebbe la vostra reazione? Esatto, vi vedo con gli occhi sbarrati mentre fate un passo indietro. Tranquilli, non è una cosa dolorosa né una pratica illegale, è solo il dolce tipico delle festività natalizie. Ma ci torneremo su.

Ecco il perché dei box che troverete disseminati in questo libro con tutte le traduzioni necessarie per la sopravvivenza, nel caso in cui vogliate davvero fare un'esperienza immersiva nell'unica regione che ha il nome al plurale ma che, parola mia, è una sola. Un po' come quelli che hanno il doppio o triplo cognome e sembrano otto persone diverse ma, invece no, sono soltanto e sempre uno.

Dico ormai che ho due cuori, uno russo e uno italiano, e quello italiano urla proprio Sant'Elpidio a Mare, che è il luogo in cui io e mio marito Luca abbiamo scelto di far nascere e crescere nostra figlia Sasha. Le Marche sono davvero casa. Anche perché, subito dopo il mio trasferimento, chi mi vedeva camminare per strada gridava a squarciagola: «Natà! Natà! Ciao!», e io ricambiavo con altrettanta allegria senza avere idea di chi stessi salutando. Pure se la gente mi conosceva dalla tv, il fatto che vivessi a Sant'Elpidio aveva annullato qualunque distanza, ero già parte integrante e figlia di questi posti, tanto che ancora prima di ambientarmi i miei compaesani mi chiamavano «Natà».

Non avrei potuto scrivere una guida diversa da questa, sentimentale, che si muove nei miei luoghi del cuore, quelli in cui sono «cresciuta» come marchigiana acquisita, nei quali ho visto Sasha ridere e giocare, e che ho avuto la gioia di scoprire insieme a Luca e alla sua, nostra, meravigliosa famiglia.

In Italia sono arrivata diverso tempo prima di sbarcare nelle Marche, e vi lascio immaginare cos'abbia significato scendere da Milano, dove all'epoca lavoravo e vivevo, per mettere piede in un territorio che si esprime unicamente al singolare. Sei marchigiano e devi dire: «Ci sono i cavalli»? Bene, dirai: «Ci sta li cavalli». Sei marchigiano e devi dire: «Sono arrivati i parenti»? Dirai: «*È 'rriati li parenti*». Soggetto plurale, come le Marche, verbo al singolare. Economia linguistica? No, manteniamo viva l'anima della regione che a dispetto del nome è, appunto, una e unica.

Unica, certo, ma anche molto sottovalutata finché non ti convinci a prendere la macchina – mettetevi l'anima in pace, muoversi qui senza un'auto è pura disperazione – e inizi il viaggio.

Voi cominciate a preparare la valigia, io proverò a spiegarvi perché questa regione può essere tutto tranne che povera o noiosa, e inizierò a farlo descrivendovi le colline, il mare, i paesi e i luoghi più magici – e anche meno noti – che posso ammirare al di là della mia siepe, quella che circonda la casa in cui abitiamo.

Perché nelle Marche le siepi vanno forte.

Vi dice qualcosa quel ragazzo un po' introverso che abitava a Recanati, che scriveva le poesie e che faceva il filo a una certa Silvia? Ecco, io ho una siepe uguale, uguale alla sua.

E godo dello stesso «infinito».

Con modestia parlando.

'Ncomincemo da quà (incominciamo da qui):

1

I luoghi del cuore: dove le mie Marche hanno preso forma

Sant'Elpidio a Mare

Vorrei poter dire che in questo luogo ci sono nata e cresciuta, vorrei potervi raccontare di mia nonna che quando avevo dieci anni s'affacciava dalla finestra del suo appartamento in corso Baccio e urlava: «*Venne, Natà, la merenna è pronta!*» (Vieni, Natasha, la merenda è pronta!), sapendo che mi avrebbe trovato a giocare lì nei pressi, magari in piazza Gramsci insieme ai compagnetti di scuola. E invece no. Non ci sono nata ma ci sono comunque cresciuta, perché in uno dei cuori pulsanti delle Marche «zozze», cioè Sant'Elpidio a Mare e cioè la provincia di Fermo, la Natasha dell'età adulta è davvero diventata grande.

Prima di procedere, devo spiegare una cosa importante. Chi di voi sa cosa vuol dire Marche «zozze»? *A me me l'ha 'mparato* (cioè, insegnato) mia suocera Tania: dietro quel termine, «zozze» – che indica la zona che va da Ancona in giù – si cela la marchigianità più succulenta, quella di matrice mezzadrile e bella *'gnorante* (ignorante) che comunica con gli altri senza fronzoli e senza mezzi termini, in modo crudo, okay, ma anche diretto, ed è questo il bello. Forse ci piace perché richiama anche un'attività prediletta dai marchigiani zozzi (quelli che le mani se le sporcano davvero, o con la terra o con il mastice delle fabbriche), ossia *fadigà*. Qui non si «lavora», cari miei. Qua *se fadiga*. Non sentirai mai un marchigiano dire: «Vado a lavorà», ma sentirai sempre quel: «*Vaco a fadigà*» che fa subito *Sallupijo* (Sant'Elpidio a Mare).

Dicevamo quindi di *Sallupijo*, cioè, di Sant'Elpidio a Mare, uno splendido borgo medievale che vive una piccola tragedia, o un grosso equivoco, in ogni caso un misunderstanding: in pratica, soprattutto chi non è marchigiano, scambia Sant'Elpidio a Mare con Porto Sant'Elpidio. A Sant'Elpidio a Mare... non c'è il mare. Mentre a Porto Sant'Elpidio il mare c'è. Ma il porto... no. Tuttavia, voi che verrete a visitare questo borgo di circa diciassettemila abitanti, non enorme ma comunque un gioiellino, non focalizzatevi su questa contraddizione. Come disse Walt Whitman: «Conteniamo moltitudini», giusto? Ecco, le Marche sono così, contraddittorie perché contengono moltitudini.

Se però qualcuno dovesse chiedermi qual è la prima cosa che mi viene in mente pensando a Sant'Elpidio, risponderei senza dubbio le Contrade e le loro sedi. È vero che di cose interessanti ce ne sono molte, e poi ve le dirò, ma io, in una di queste Contrade, mi ci sono sposata. È legittimo che vi stiate chiedendo come ha fatto una ragazza russa, di professione modella, che fino a qualche tempo prima abitava tra Mosca e Milano, a decidere di sposarsi e addirittura poi a vivere in una località così piccola, peraltro in una regione spesso sottovalutata come le Marche.

Mi sono innamorata di questi luoghi nell'ormai lontano 1995, due anni dopo aver conosciuto Luca.

Entrambi facevamo i modelli, e dire che io avevo dei grossi pregiudizi nei confronti degli uomini che esercitavano questa professione. All'epoca, mi sembravano superficiali, parlavano di cose che non mi interessavano e cercavo di evitarli. Oltretutto, non è che avessi dimestichezza con l'italiano, perciò me ne stavo molto sulle mie. Infatti, nel luglio del '93, in occasione di quella sfilata di Marta Marzotto sul Lago di Garda, tutto mi sarei aspettata tranne che avrei iniziato a chiacchierare con un modello marchigiano che però, tra una sfilata e l'altra, sfogliava nientemeno che il Codice Civile. Dunque, ha pensato la me laureata, è uno che studia.

Chi non è marchigiano, scambia Sant'Elpidio a Mare con Porto Sant'Elpidio. A Sant'Elpidio a Mare... non c'è il mare. Mentre a Porto Sant'Elpidio il mare c'è.

Nonostante tutto, non ho ceduto subito al tentativo di Luca di attaccare bottone, e avevo detto alla mia amica Giulia che non m'interessava conoscere quel ragazzo che le aveva chiesto di me. Ma lui, che testardo lo è davvero e che soprattutto – ascoltate bene – aveva scommesso con i suoi amici che mi avrebbe conquistata, non ha mollato il colpo. Se entro quarantotto ore non fossi caduta ai suoi piedi, lui avrebbe perso. Quindi è tornato all'attacco, questa volta in maniera diretta, chiedendomi: «Allora, ci sposiamo?».

«Oggi no, ho da fare, magari domani» gli ho risposto io. E ho girato i tacchi.

Ero stata lapidaria, dopotutto sono russa e potevo giocarmi la carta della freddezza quanto mi pareva.

Ma poteva un marchigiano DOC farsi fermare da un ostacolo così insignificante? In fondo, gli avevo «solo» detto di No. Cambiò tattica, la buttò sull'unico particolare che effettivamente mi aveva colpito: il Codice Civile. Era venuto a sapere che sono ingegnere metallurgico e allora mi raccontò della sua (quasi) laurea in Giurisprudenza. Devo ammettere che non solo ha funzionato, ma addirittura è riuscito a farsi dare il mio numero di telefono.

Ci sa proprio fare, questo Luca, la tempra marchigiana viene fuori sempre. Certo, quando poi ho scoperto che per conquistarmi la posta in gioco sarebbe stata una pizza con gli amici… Vabbè. Dice che quando mi ha vista in costume da bagno ha aggiunto anche una bottiglia di spumante. Sarà.

Ci siamo frequentati per un mesetto ma le Marche, in questa fase, non erano ancora entrate in gioco.

Eravamo ancora a Milano, frequentavamo una realtà più vivace, sicuramente più «rumorosa», piena di stimoli che ben si sposavano con il lavoro che avevamo scelto. Ma non potevo sapere ancora cosa avrei trovato qua. Lì per lì è stato un vero e proprio shock, lo ammetto.

Lavoravo come una pazza, a ritmi molto sostenuti, e l'ambiente milanese era ciò in cui mi muovevo meglio sia per il lavoro in loco che per gli spostamenti:

viaggiavo tanto e i collegamenti con e da una metropoli come quella erano eccellenti. Non avrei mai potuto immaginare di vivere altrove, la mia vita e poi anche la mia casa erano lì, ormai. Perciò, quando ho scoperto di essere incinta e Luca mi ha detto, candidamente: «Vorrei far crescere il nostro futuro figlio nelle Marche» io all'inizio credevo che scherzasse. Cioè, dai, ti pare? Da Milano a... un paesino sperduto nelle Marche? Ma non farmi ridere, su. Invece lui era serio, eccome se lo era. Quando ne ho parlato con le mie amiche loro erano più shockate di me. Era un continuo di «Ma dove scappi», «Non accettare per nessun motivo», «Cosa vai a fare in un posto sconosciuto», «Il tuo lavoro e la tua vita sono qui». Avevano ragione, razionalmente lo capivo anch'io, ma la mia risposta, tra un sospiro e l'altro, è stata: «Ragazze, io lo amo, voglio provare».

Cosa non si fa per amore.

Avrei scoperto solo tempo dopo che in fondo ci avevamo guadagnato tutti quanti con quella scelta. È vero che all'inizio non è stato semplice, soprattutto perché viaggiare era complicato, i collegamenti erano – e sono ancora, per certi versi – macchinosi, e poi io e Luca vivevamo a casa dei miei suoceri, che ci avevano ospitato in attesa di trovare una sistemazione migliore. Vivevamo tutti in un'unica casa, il concetto di privacy abbiamo dovuto rivederlo per un bel po' di tempo, e per quanto fossimo circondati da una quantità immensa di amore, beh, non posso dire che abbiamo usufruito di tutte le comodità che sono arrivate dopo.

Una cosa però va detta: pur con tutte le difficoltà, e con i postumi dello shock iniziale, Sant'Elpidio a Mare resta sinonimo di quiete, lunghi silenzi e intimità – soprattutto famigliare. Ed è anche sinonimo di pace, una pace che puoi effettivamente trovare solo quando ti metti in ascolto di te stesso.

In quei luoghi per me ancora sconosciuti, sono riuscita a sentirmi *a casa*, lì in mezzo al verde della campagna e soprattutto insieme a Raffaele, papà di Luca, e Tania, sua madre, che a dispetto delle origini ha un nome russo! (Sto mentendo, in realtà lei si chiama Liduina, ma siccome quel nome non le è mai piaciuto si fa chiamare da tutti Tania. Una bella coincidenza, per me che vengo dalla Russia.)

Da qui in avanti la mia storia d'amore con le Marche non ha fatto che intensificarsi, tanto che dal Duemila in poi è diventata anche la casa di nostra figlia Sasha.

Sembra che io stia divagando senza un perché, ma in realtà questa storia è importante per farvi capire che vivere in questa regione e in questo paese nello specifico è stata una scelta. Non un caso, non un desiderio unicamente di mio marito, né tantomeno un'imposizione altrui. Abbiamo, ho scelto anche io di crescere in un mondo fuori dal mondo che ogni giorno mi ricorda cosa significhi «autenticità».

E parlando proprio di autenticità, non posso non approfondire il discorso delle Contrade, che rispondono in parte al significato di questo termine: l'essenza di Sant'Elpidio si trova nel suo volto storico e in tutto ciò che dell'epoca medievale ancora oggi conserva e porta avanti. In una delle quattro Contrade storiche del paese – che sono San Giovanni, San Martino,

Sant'Elpidio e Santa Maria – io e Luca abbiamo celebrato il nostro matrimonio il 23 dicembre del 1995, scegliendo uno di quei periodi magici dell'anno per cui ogni decorazione sembrava che fosse stata messa lì apposta per noi. L'atmosfera avvolgente della Contrada ha fatto ovviamente il resto.

Abbiamo celebrato il nostro amore ospiti della San Martino, e secondo me quel cavallo bianco su campo verde che funge da stemma ci ha portato fortuna e ci ha fatto galoppare molto lontano. Tra l'altro, questa Contrada si è aggiudicata la vittoria nella Contesa del Secchio nell'edizione speciale della Contesa del Giubileo. Un caso esserci sposati qui? Non credo.

Giustamente vi starete chiedendo cosa sia la Contesa del Secchio, o forse no perché magari la conoscete come una delle più antiche Rievocazioni Storiche delle Marche. È dal 1953, infatti, che ogni seconda domenica di agosto tutti gli elpidiensi si danno appuntamento in centro per il giorno più sentito dell'anno, quello che in assoluto simboleggia la fierezza cittadina. Il gioco è piuttosto semplice, dopotutto si tratta di una specie di basket primigenio, con un «pozzo» e una palla da mandare a segno.

Certo, detta così sembra una roba da poco, e mi rendo conto che chi non è calato nella tradizione non ci vede tutto quello che nel tempo ho imparato a vederci io. Non potete neanche immaginare il fermento che si respira poco prima della Contesa che, insieme a Città Medioevo, è l'occasione giusta per trasformare di nuovo la Sant'Elpidio contemporanea in una cittadina medievale con tanto di abitanti vestiti a tema.

Mi sono fatta raccontare da Luca la storia di questo «pozzo» e il perché di tanto impegno, visto che i partecipanti si preparano tutto l'anno per l'evento. La tradizione è molto antica, parliamo del 1401, quando i Maggiorenti del Comune avevano deciso di costruire un pozzo per venire incontro alle esigenze d'acqua della sempre più numerosa popolazione. Come succede quando arriva una novità, anche intorno al pozzo s'era presto formata una bella fila di persone che si contendeva la precedenza. Le litigate erano continue e così, per mettere un freno allo schiamazzo, gli amministratori decisero di indire una gara: ciascuna Contrada avrebbe chiamato in sfida le altre e la squadra che avrebbe centrato più volte il pozzo con una palla di stoppa e cuoio avrebbe conquistato il diritto delle donne della propria Contrada di attingere l'acqua per prime.

La cosa affascinante è che se anche l'acqua oggi non manca, e di certo nessuno l'avrebbe presa dal pozzo, la passione con cui gli elpidiensi si dedicano al gioco e alla preparazione di questa giornata è più unica che rara. All'inizio, quasi faticavo a credere che potesse trattarsi di una tradizione tanto antica ma rimasta così viva nell'arco del tempo.

Cioè, ragazzi, qua si litiga per la Contesa del Secchio, e ne sa qualcosa mio marito, che nella sua esperienza di Capitano del popolo, nel 2003, ha preso ceffoni a destra e a manca...

Ci si accapiglia. Si urla. Sembra che in gioco ci sia la vita, e non fatico a credere che le grida dei vincitori, ogni anno, possano udirsi fino ai paesi limitrofi (fino alle frazioni di sicuro). È il nostro Palio di Siena, via, tanto per darvi un'idea (forse un po' megalomane, ma non importa).

Per non parlare delle sfilate in costume e dei momenti in cui, nonostante il caldo torrido di fine luglio – per Città Medioevo (anch'essa rievocazione nata nel 1992 come «anteprima», in un certo senso, della Contesa) – e di agosto – per la Contesa del Secchio –, si procede senza lamentele e a passo spedito per le vie del paese, fino ad arrivare in piazza Matteotti.

Anche nostra figlia Sasha ha partecipato spesso come figurante e una delle cose che tuttora io e Luca facciamo durante quelle giornate è andare a mangiare nelle piazzette allestite dalle Contrade. Ottimo cibo marchigiano cucinato dalle migliori mani del borgo. Ma del cibo, datemi ancora qualche pagina, ne parleremo.

❶ Da *Sant'Elpidio a Mare* a *Torre di Palme*

Ore 8:00

Partenza da Sant'Elpidio a Mare

Ore 9:00

Arrivo a **CIVITANOVA MARCHE**.
Passeggiata sul lungomare nord o sud

Ore 10

Un salto a **CIVITANOVA ALTA**, il borgo storico con la Pinacoteca Moretti e la piazza della Libertà

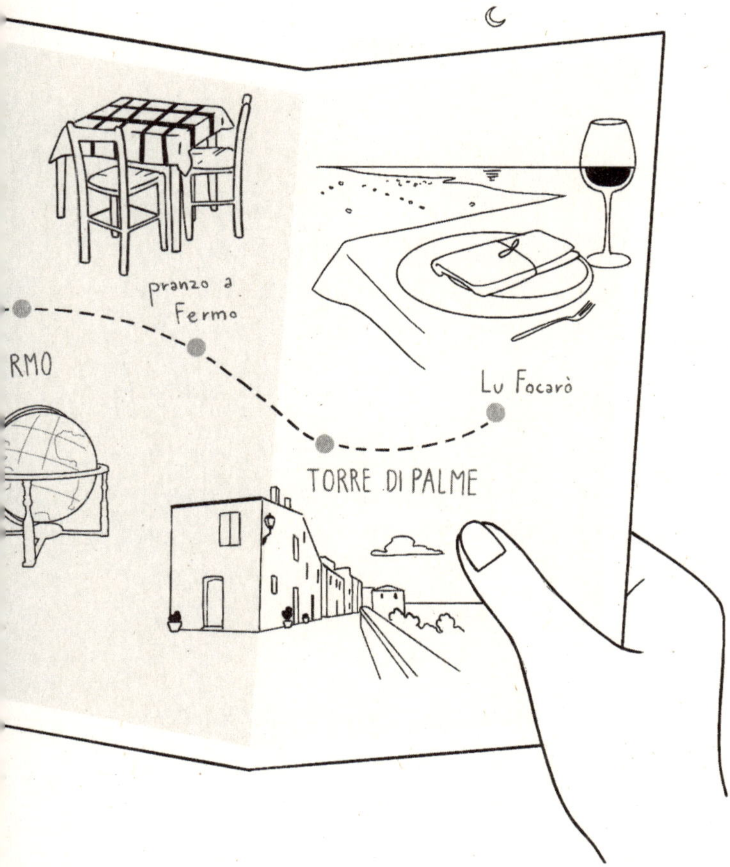

Ore 11:00

Arrivo a **FERMO**. Visita alla piazza del Popolo, Sala del Mappamondo e molto altro. Perdetevi un po' anche tra i vicoli di Fermo!

Ore 13:00

Pranzo a Fermo. Pranzo in trattoria con piatti tipici come le olive all'ascolana e i maccheroncini di Campofilone.
Oppure: Enoteca *Bar a Vino*, sotto le logge di piazza del Popolo

Ore 15:30

Arrivo a **TORRE DI PALME** per una bella passeggiata rilassante

Ore 19:30

Cena presso il ristorante *Lu Focarò*

Insomma, a Sant'Elpidio a Mare, l'ho imparato col tempo, la Storia è per ogni generazione una cosa seria e soprattutto il passato non è mai davvero passato, ma un eterno, vividissimo presente.

Da rivivere ogni giorno.

Mi accorgo che ogni volta che inizio a parlare di Sant'Elpidio si risveglia l'entusiasmo di quando le prime volte facevo il giro delle mura, ovvero di quando Luca mi ha insegnato che se c'è una cosa che a Sant'Elpidio porta fortuna è fare il giro del paese prima di rientrare a casa.

Dopo un lungo viaggio, o dopo qualche trasferta di lavoro, prima giri tutta Sant'Elpidio e poi hai il permesso di varcare la soglia del tuo appartamento. A dirla tutta, la storia si ripeteva anche dopo le serate in discoteca, ma noi facciamo finta che sia una faccenda più seriosa.

Una cosa che a Sant'Elpidio porta fortuna è fare il giro del paese prima di rientrare a casa.

Fossero state pure le quattro del mattino, quest'operazione andava svolta e, a voler essere precisi, il tocco finale era la sosta alla Fontana della Pupa per bere un sorso d'acqua. Se vi state chiedendo cos'avrà mai di speciale l'acqua di Sant'Elpidio, visto che tutti se la contendono a partire dal famoso pozzo… Ecco, non so rispondervi, onestamente.

Posso però rivelarvi qual è il mio angolo del cuore all'interno del mio paese del cuore.

È vero che piazza Matteotti, con la Torre Civica – chiamata anche Torre Gerosolimitana perché portata a termine dai Cavalieri Gerosolimitani nel XIV secolo – e il Palazzo comunale, è particolarmente carina; è anche vero che potrei indicarvi la Pinacoteca Civica Crivelli, dove si trova una ricca collezione di dipinti su tele e tavola, tra cui il famosissimo trittico *Incoronazione della Vergine*, proprio di Vittore Crivelli, o *L'Assunzione della Vergine* del Tizianello (Gerolamo Dente), o anche la *Madonna del Rosario* di Ernst Van Schayck; ed è pure vero che potrei indirizzarvi verso la Perinsigne Collegiata, o la Madonna dei Lumi, o ancora la Basilica Lateranense Maria SS. della Misericordia, una chiesa eretta nel 1399 e poi, nel 1467, elevata a Basilica minore. Potrei, perché no, indicarvi la Basilica Imperiale di Santa Croce al Chienti, che si trova nella vicina frazione Casette d'Ete, la cui tradizione fa risalire la data della consacrazione addirittura all'anno 887. Potrei anche dirvi che, se vogliamo parlare di scorci suggestivi, ce n'è proprio uno, a due passi da Porta Romana all'ingresso del paese, che si trova al termine di via Cunicchio, una delle viette più incantevoli.

Ma no, non sono questi i luoghi, pur meravigliosi, del mio cuore, là dove nei periodi più intensi ritrovo sempre uno scorcio di pace.

Seguitemi. Quando arriverete in piazza Matteotti, spingetevi poco oltre la Torre Gerosolimitana. C'è una stradina in discesa, percorretela e girate a sinistra, arrivate fino in fondo e troverete quello che oggi è conosciuto come lo Spiazzo de Nazzà – ma che in realtà si chiama Largo dei Torrioni. Questa, sento di poterlo dire, dal punto di vista paesaggistico è davvero la chicca di Sant'Elpidio a Mare.

Da quando mi sono stabilita qui in un certo senso mi sono anche trasformata nella «ragazza del muretto»: parcheggio l'auto di fronte al Palazzo comunale, arrivo allo spiazzo e mi siedo sul muretto da cui si può ammirare uno spettacolo mozzafiato.

Credetemi, non c'è niente che vi possa riconciliare di più col mondo che riempirvi gli occhi della meraviglia della campagna marchigiana, delle sue colline, dei Monti Sibillini, dei suoi scorci bucolici e dei suoi paesini che, quando sono illuminati di notte, assomigliano a piccoli presepi.

Sant'Elpidio a Mare, così come gran parte di questo territorio, non è soltanto lavoro, ottimo cibo e un dialetto che suscita simpatia. Le Marche sono un concentrato di armonia e silenzio, qui si respira un'aria secolare e densa, che ti rimette in connessione con te stesso ma non ti isola mai dal resto del mondo, anzi. Più ascolti, più comprendi, più hai voglia di condividere.

Quando mi siedo su quel muretto e guardo il panorama di fronte a me, i pensieri tornano in ordine come per magia, e bastano anche solo dieci minuti al giorno per ricordarmi che qualunque posto può diventare «casa» se lo accogliamo dentro di noi.

Come avrete intuito, Sant'Elpidio è entrata facilmente nel mio cuore per la sua arte, la sua storia, e per la buona cucina – sto millantando questo aspetto che non ho ancora affrontato, ma abbiate fede ci arriveremo, vi-

Sant'Elpidio nasconde un suo mondo sotterraneo, una specie di «città sotto la città», o per essere più precisi un intrico di cunicoli che collegano tutto il borgo fino a sfociare nella campagna.

sto che una delle domande più frequenti su Instagram è proprio: «Dove posso mangiare, se decido di venire nelle Marche?».

Ci sono però ancora due chicche che non potete assolutamente perdervi, semmai decideste davvero di addentrarvi in questa fantastica avventura – un po' in stile Indiana Jones, magari, ma il bello è proprio questo.

Carissimi appassionati di stelle, a Sant'Elpidio, o meglio ancora, nella frazione di Castellano, troverete l'Osservatorio Astronomico Marco Bertini, uno dei cinque osservatori presenti in tutte le Marche; nel caso però vi appassioni di più il misterioso mondo sotterraneo – com'è che dite voi in Italia? Dalle stelle alle stalle? No, forse non è questo il caso… – allora ho proprio un segreto da rivelarvi.

Però, però. Sappiate che non c'è un percorso che potrete seguire, né un itinerario ad hoc con una guida che possa spiegarvi quanto sto per dirvi. Vi basti sapere – almeno per ora, in futuro chissà – che questa cosa esiste e che, se arriverete fino a Sant'Elpidio, potrete ricordarvene ogni volta che passeggerete in centro e lungo le sue vie.

Come nelle migliori tradizioni delle città antiche, anche Sant'Elpidio nasconde un suo mondo sotterraneo, una specie di «città sotto la città», o per essere più precisi un intrico di cunicoli che collegano tutto il borgo fino a sfociare nella campagna.

Per quel che è stato possibile rintracciare finora, sono stati rinvenuti materiali di soldati polacchi risalenti alla Seconda guerra mondiale, ma la città sotterranea, stando alle fonti odierne, fu creata nel Medioevo per accedere direttamente al mare in caso di invasioni. Basta entrare in una delle sedi delle Contrade e capire dove potrebbero condurre le grotte.

Certo, da lì sotto non potrete godervi il mare, la montagna e la collina marchigiane (perché come ripete sempre mio marito Luca, «le Marche hanno tutto»), ma dopotutto, se ci pensate bene, dove lo trovate un altro posto in cui potete gustare i cremini e le olive fritte senza che nessuno ve li rubi e vi disturbi?

Ancona, Loreto e Numana

ANCONA, DIECI ORE DI TRAVAGLIO E TANTE COSE DA SCOPRIRE

Durante le mie trasferte a Roma, quando mi capita di prendere un taxi e fare due chiacchiere con l'autista, la prima cosa che dice non appena capisce che abito nelle Marche è: «Ci vengo spesso in vacanza, vado al mare al Conero!».

Non credo esista turista che approdi nelle Marche senza immaginare di mettere i piedi in ammollo nel meraviglioso mare di Numana, Marcelli o Sirolo.

Nella top five, ovviamente la Spiaggia delle Due Sorelle, una caletta di sabbia bianchissima proprio all'ombra del Conero e che si raggiunge soltanto via mare. Un sogno, *googlate* per credere e, ne sono certa, tra dieci minuti starete già prenotando per l'estate prossima.

Proviamo ad arrivare in questi paradisi procedendo con ordine, perché anche a proposito di Ancona e dintorni ho qualcosa di personale da raccontarvi.

Il racconto del mio trasferimento nelle Marche, se ricordate, oscillava tra lo sgomento iniziale per essere arrivata in un luogo bellissimo ma oggettivamente un po' fuori dalla grazia di Dio, e la gratitudine nei confronti della famiglia di mio marito che ci ha accolti e ospitati senza mai metterci fretta. Anzi, Tania ha sempre ricordato quel periodo come uno dei più belli, perché potevamo vivere quotidianamente a stretto contatto.

Ecco, forse a volte un filo troppo a stretto contatto, ma è andata bene lo stesso, nonostante abitassimo in cinque – io, Luca, Raffaele e Tania, e poi mia mamma che per diversi mesi è venuta ad aiutarmi durante il periodo della gravidanza e anche dopo la nascita di Sasha – in una casa abbastanza spaziosa ma di certo non enorme. Mettiamola così, i rumori non mancavano e sapevamo più o meno in tempo reale chi faceva cosa e chi litigava con chi. A tratti anche spassoso – sottolineo: a tratti.

Ancona è l'unica città d'Italia
da cui potrete ammirare
sia il tramonto che l'alba sul mare.

Mi sale ancora un briciolo d'ansia se ripenso a quei primi momenti, alla follia degli spostamenti. Mi tocca ribadirlo, perché quello che poi si è trasformato in un vero e proprio sogno all'inizio aveva preso la forma di un piccolo ma tenace incubo: immaginatemi mentre andavo su e giù per l'Italia – poco dopo il parto, ad esempio, nell'arco della settimana dovevo spostarmi a Ravenna e a Napoli per due differenti programmi tv – avendo però la base in una regione mal collegata con tutte le altre. Per di più, con l'Appennino in mezzo a complicare ogni singolo movimento.

Come dire, le cose complicate sono affascinanti ma forse non ci vivrei – e invece sì.

Così, mentre cercavo di destreggiarmi tra lavoro e gravidanza, i mesi correvano rapidi e alla fine ci siamo ritrovati in attesa di vedere la piccola Sasha. Abbiamo scelto di far nascere nostra figlia ad Ancona e, fra le eccellenze sanitarie del capoluogo – tra cui spicca l'Ospedale Pediatrico Salesi e l'Ospedale Torrette (già da diversi anni sul podio dei migliori ospedali d'Italia secondo la classifica stilata dall'Agenzia nazionale per i servizi sanitari regionali) –, ho scelto di partorire a Villa Igea.

No, non è il primo luogo che vi consiglierei per una vacanza e mi rendo conto che non sarebbe benaugurante (certo, nel caso comunque vi sentiste male, ricordatevi queste informazioni), ma se avete un'amica o una parente che, come è accaduto a me, ha davanti ben dieci ore di travaglio, voi che attendete solo di poter vedere la creatura, avrete nel frattempo tutto l'agio di fare un giretto in città.

Ancona non è grandissima ma conta quasi centomila abitanti, e capita che venga visitata piuttosto distrattamente da chi si imbarca per altre destinazioni (tipo la Croazia) o da chi arriva qui per le sopracitate spiagge del Conero. Però non c'è da sottovalutarla, perché non sarà un antico borgo dal fascino medievale come Sant'Elpidio, ma ha comunque molto da offrire, prima su tutti una particolarità: è l'unica città d'Italia da cui potrete ammirare sia il tramonto che l'alba sul mare. Quasi meglio dell'Aurora boreale, ve'?

Una cosa in comune con Sant'Elpidio così come con Fermo o con Osimo è l'esistenza di percorsi sotterranei. La cosa più affascinante di questi percorsi tra cunicoli carichi di mistero, è che il tempo pare fermarsi e il passato sembra non essere mai davvero… passato. A dispetto di una superficie caotica, come si confà alla vita cittadina, i sotterranei nascondono una rete silenziosissima che si estende per circa tre chilometri, di cui ancora oggi si conosce poco. Dal viale del porto, pare che le diramazioni arrivino fin sotto il Colle del Guasco. Se solo penso che esistono delle città marchigiane sotterranee che corrono parallelamente a quelle di superficie mi prende un colpo e allo stesso tempo mi si accende l'entusiasmo: non smetterò mai di conoscere questa regione, che è per me una sorpresa continua.

Devo però dire, in totale sincerità, che la prima volta che sono arrivata ad Ancona, di questa zona sotterranea non ne sapevo nulla, anzi. La primissima cosa che mi ha colpito e che suggerisco sempre a tutti è ovviamente la Mole Vanvitelliana, meglio conosciuta dagli anconetani come Lazzaretto.

No, un attimo, non è come pensate voi. Cioè, sì, ma oggi non più, tranquilli. Come ben deducete dal nome, la Mole in origine aveva una precisa funzione sanitaria, e le quarantene dei malati erano garantite anche da un efficientissimo sistema di carico e scarico delle acque. Ma se resta vero che nel tempo il Lazzaretto venne utilizzato come ospedale militare e come caserma, è altrettanto vero che oggi questa struttura ideata dal famoso architetto Luigi Vanvitelli nel Settecento viene sfruttata come sede di eventi e iniziative culturali e musicali.

Non so se realmente sostò da queste parti anche Giacomo Casanova, ma posso con certezza consigliarvi un giretto presso uno dei musei più particolari d'Europa, unico nel suo genere: il Museo Tattile Omero. Vi assicuro che all'inizio fa quasi impressione, perché non siamo così abituati a entrare in un museo e a vedere gente che può letteralmente toccare tutte le opere esposte. Anzi, spesso quei sensori che scattano appena ti avvicini per guardare un po' meglio ti fanno prendere un colpo.

Ma questo istituto nasce proprio con l'intento di usare il tatto, dando la possibilità ai visitatori di conoscere le opere con le proprie mani e promuovendo in questo modo l'integrazione di tutte le persone con disabilità visiva. Non è un museo bello solo per il contenuto, ma è anche bello dal punto di vista della sensibilità umana, e oltretutto l'ingresso è praticamente libero.

Tra l'altro, se a un certo punto vi andasse di fare anche uno spuntino e comprare qualche libro, proprio accanto al Museo Omero, sempre all'interno della Mole, trovate un Caffè letterario davvero delizioso, che si chiama proprio The Mole.

Dopo una breve sosta, però, si riparte. Giusto? E allora, mentre attendete che le urla della vostra amica inizino a crescere durante le ore del travaglio a Villa Igea o al Salesi, imboccate la strada che vi porterà a piazza del Plebiscito – e che gli anconetani chiamano piazza del Papa, perché proprio al centro, in bella mostra, troneggia la statua di Papa Clemente VII che nel 1700 si adoperò per offrire nuova vita al porto di Ancona e in generale all'economia della città. Quando si tratta di soldi, ragazzi, un ringraziamento ci vuole sempre, lo sappiamo.

Dopodiché, non potete lasciarvi sfuggire una visita davvero speciale, non solo per la costruzione in sé ma perché sorge in un punto strategico e a prova di bacio – suggerisco di andarci in dolce compagnia o, in mancanza di partner, portatevi una bottiglia di vino e un bel panino col ciauscolo, che male non fa. Il Duomo di San Ciriaco non è semplicemente uno degli esempi più belli in Italia di incrocio tra architettura romanica e bizantina, e non è semplicemente il luogo in cui gli anconetani decisero di trasferire tutte le reliquie dei loro santi perché si trova in un punto difficile da saccheggiare. Il Duomo di Ancona ha il grande plus di guardare direttamente l'Adriatico, perché si trova a picco sul mare. Potrete sospirare quando arriverete lassù e vedrete la facciata del Duomo illuminata dalla luce del tramonto.

Tra un sospiro e l'altro, vi consiglio a questo punto di scendere (prima finite di mangiare il panino, però, sennò vi resta sullo stomaco), perché ci sono anche altre cose da segnalare, come l'Arco di Traiano che oggi vedete praticamente inglobato all'interno dell'ambiente portuale (e che all'epoca della costruzione era visibile a tutte le navi che arrivavano), o come il Passetto, che è il rione con un parco verde anch'esso aiutato da una posizione panoramica a dir poco straordinaria e affacciata sul Conero, oppure la Pinacoteca Civica Podesti, che ha la grande attrattiva di raccogliere opere molto note come la *Sacra Conversazione* di Lorenzo Lotto o l'*Immacolata Concezione* di Guercino.

Il Duomo di Ancona ha il grande plus di guardare direttamente l'Adriatico, perché si trova a picco sul mare.

Ma c'è una cosa in particolare che mi ha sempre affascinato e che credo sia anche un ottimo metodo per riqualificare zone meno belle delle città: fate una deviazione al rione Capodimonte, il cosiddetto quartiere degli artisti di Ancona, per godere delle opere di street art tra le quali spiccano una donna in spiaggia, una singolare casa volante e uno spaventapasseri con una scopa in mano. Quando la creatività prende vita, anche una città «di passaggio» come Ancona diventa un luogo più attraente in cui fermarsi e curiosare. Il rione Capodimonte ne è la prova, alla faccia di chi ancora pensa che questa regione non abbia nulla di così originale da proporre!

Comunque… bello il Museo Tattile, bello il Passetto, bello l'Arco di Traiano, ma come accennavo prima, io Ancona me la ricorderò soprattutto per le famose dieci ore di travaglio in attesa di vedere la mia Sasha. Le foto di quella giornata parlano chiaramente anche per i posteri. Sono entrata a Villa Igea fresca gioiosa e sorridente, sono uscita… potete immaginare come. A un certo punto del travaglio ricordo nitidamente di aver odiato chiunque, perfino Luca che, poverino, sono certa che se avesse potuto avrebbe diviso con me tutto quel dolore. O forse no. Beh, mi piace illudermi che sarebbe stato così, va bene?

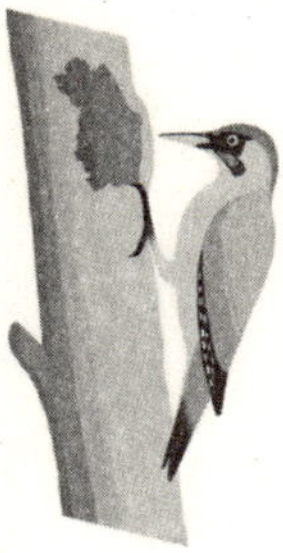

In ogni caso, ricordo anche che, mentre ero lì, in preda alla sofferenza, tentavo di calmarmi e di far passare il tempo ricamando il bavaglino di mia figlia. Mi rilassava talmente tanto che non appena mia suocera provava a chiedermi come stessi… me la mangiavo viva. Povera Tania. E povera me che dopo quelle dieci ore di contrazioni e sudori a freddo, mentre tutti i giornalisti spingevano per entrare all'ingresso di Villa Igea, pronti con le macchine fotografiche, io, alla fine… ho dovuto optare per il taglio cesareo.

Cioè, capite? Ho atteso dieci ore per un parto naturale e poi, dal dottor Rossi – che poi mi avrebbe operata – mi sono sentita dire: «Signora, è ancora poco dilatata, dobbiamo tagliare». Quanta fatica sprecata. Quante ore di corso preparto buttate al vento. E dire che avevo «studiato» un sacco, ci ero arrivata preparatissima (la solita secchiona)!

Eravamo tutti sfiniti: io dal dolore delle contrazioni, i miei famigliari dal mio nervosismo alle stelle, il ginecologo dall'ansia di non riuscire a tenere a bada i giornalisti, e Sasha… beh, lei forse era la più sfinita di tutti, perché dopo nove mesi voleva finalmente uscire da lì dentro.

Volete saperla, però, la cosa davvero buffa? Dopo tutto quell'ambaradan, è nata una bambina... carina. Diciamo carina. A essere onesti, la nostra adorata Sasha era proprio bruttina. Nessuno si aspettava che dall'unione di due modelli come me e Luca potesse venir fuori quello che all'epoca chiamavo «cessino di mamma». Addirittura mia suocera si mise a piangere! Col tempo le cose sono cambiate e anche molto, e quella che si presentava come una neonata diversa da come l'avevamo sognata, si è trasformata in una ragazza stupenda, con quei suoi lunghi capelli biondi, le gambe chilometriche e uno sguardo dolce ma profondo.

Sia chiaro, per me Sasha è stata e sarà sempre il mio grande amore, e poco me ne fregava che fosse bella o brutta, l'unica cosa importante è che fosse nata sana. Ma dovevate vedere le facce dei nostri parenti... Una delusione! Come quando dici che vivi nelle Marche e la maggior parte della gente non sa neanche quale sia il capoluogo, perché nessuno crede davvero che ci siano tante meraviglie da scoprire. Poi ci vieni una volta in vacanza e te ne innamori.

Com'è che si dice? Alla fine tutto è bene quel che finisce bene, no? Se andate a Villa Igea potete trovare, nel reparto di ginecologia, le mie foto con tutto lo staff medico prima delle dimissioni. È stato senza dubbio il momento più bello della mia vita, anche se una cosa va detta: mi avevano assicurato che, una volta che avrei visto mia figlia, che l'avrei tenuta fra le braccia e che avrei iniziato il mio percorso con lei, avrei dimenticato ogni dolore. Beh, non proprio. I dolori me li ricordo benissimo ancora oggi e sono sicura che se mi concentrassi un po'... li sentirei uno per uno!

A ogni modo, ecco perché Ancona, bellezze marchigiane a parte, ce l'ho nel cuore: è la città in cui è nata mia figlia, così come un'altra città, a poco meno di mezz'ora di macchina dal capoluogo e che lego sempre a Sasha, è Loreto. Sono abbastanza certa che di questo luogo, però, avete già sentito parlare, se non altro è una meta imperdibile per tutti gli appassionati di turismo religioso.

LORETO, UNO DEI LUOGHI PIÙ MISTICI D'ITALIA

Proprio nella famosa Basilica di Loreto abbiamo battezzato Sasha, in una fredda giornata di novembre di venticinque anni fa, ma personalmente torno spesso in questo luogo carico di misticismo e di pace, in cui si respira un'aria diversa da tutti gli altri posti delle Marche. Mi capita di entrare nella Basilica anche solo per accendere una candela e passare qualche momento di raccoglimento. Nonostante i tanti turisti e la maestosità degli interni, Loreto si addice a tutti coloro che cercano davvero un tempo per pregare, un tempo che sia intimo e raccolto, quasi isolato, proprio come faccio io pure quando sono di passaggio.

Per raggiungere il centro e ammirare lo spettacolo della Basilica e della piazza, potete scegliere fra più di una stradina, ma quella che vi consiglio io è la Scalinata Santa. Se siete abbastanza allenati non vi sarà difficile salire questi «comodissimi» trecentotrenta gradini, in caso contrario forse opterei per una preghiera in più prima di iniziare il percorso, vi servirà.

Ma perché scegliere questa via se magari ce ne sono altre più comode, direte voi? Perché seguendo il percorso a un certo punto vi troverete di fronte al Cimitero Militare Polacco, dove sono sepolti più di mille soldati che hanno combattuto durante la Seconda guerra mondiale. A proposito, mentre chiacchieriamo e vi racconto questi luoghi, fate caso a una cosa importante: le Marche non slegano mai il prima e il dopo, ciò che è stato con quello che è oggi. Fanno una continua operazione di recupero della tradizione, danno un valore nuovo al passato per far sì che anche il presente si rinvigorisca ogni volta che qualcuno azzarda un confronto con la Storia. Scavare nel cuore marchigiano significa dopotutto anche questo, un saliscendi continuo nelle monta-

gne russe del tempo, oltre che un saliscendi di scalinate e gradini e colline, certo.

Ma torniamo al nostro percorso. Una volta arrivati in cima, non potrete non accorgervi dei quattro bastioni (molto imponenti!) che formano la cinta muraria edificata apposta per difendere il centro della città, e vi basterà oltrepassare Porta Marina per trovarvi catapultati in piazza della Madonna, di fronte alla Basilica.

Ve lo posso assicurare, qui lo spettacolo è da togliere il fiato: sia che troviate il cielo azzurro e limpido, sia che troviate la pioggia, la tempesta o il vento che ulula e s'insinua sotto le logge ai lati della piazza, Loreto vi restituirà sempre una magia unica nel suo genere.

Si dice che la casa della Vergine sia stata trasportata dagli Angeli nella notte tra il 9 e il 10 dicembre 1294, per questo è meta di tantissimi pellegrinaggi ed è diventata un po' la «Lourdes» italiana.

Perché parlo proprio di «magia»? Perché penso a ciò che ha reso Loreto famosa in tutto il mondo, ovvero il Santuario nel quale è custodita la reliquia della Casa di Nazareth di Maria, la casa dove nacque la Vergine Maria e dove l'Arcangelo Gabriele le annunciò la futura nascita di Gesù. Di sicuro l'avrete sentita nominare almeno una volta nella vostra vita, o avrete sentito parlare – specie dai marchigiani – di «Madonnina nera», poiché c'è una leggenda singolare a fare da sfondo a questa reliquia: si dice che la casa della Vergine sia stata trasportata dagli Angeli nella notte tra il 9 e il 10 dicembre 1294, per questo è meta di tantissimi pellegrinaggi ed è diventata un po' la «Lourdes» italiana. Lo accennavo prima ma lo ribadisco anche ora: capita spesso che porti a Loreto le amiche che vengono a trovarmi da fuori, soprattutto quelle che conoscono poco le nostre Marche. È una di quelle città al cui fascino nessuno può sottrarsi. Lo assicuro anche a chi non è credente: saprà stupirvi per impatto emotivo, questo luogo sprigiona un'energia che va oltre la religione.

Si respira una sorta di fede «laica», perché chiunque può sentirsi davvero accolto e spinto, quantomeno, a entrare in contatto con la parte più profonda di sé.

TUTTA VITA: È IL CONERO, BELLEZZA!

Lo so, lo so. Solo leggendo «Riviera del Conero» sapete già di cosa parleremo. Mi viene addirittura da pensare che non è necessario suggerirvi un passaggio in questa zona, che per bellezza del mare assomiglia alle Maldive (stiamo esagerando? Può darsi, ma voi chiudete gli occhi e iniziate a sognare con me). Avete a dir poco l'imbarazzo della scelta, soprattutto rispetto alle spiagge in cui potrete abbandonarvi, stesi a quattro di spade, incuranti di tutto il resto. Numana, Sirolo (un borgo medievale con una perla preziosissima, il Teatro delle Cave, che sorge in una cava abbandonata del Monte Conero, dove si svolgono spettacoli ed eventi culturali),

Portonovo, la Spiaggia delle Due Sorelle, la Spiaggia di Mezzavalle, la Spiaggia del Trave. Insomma, potete sbizzarrirvi quanto desiderate.

Per me e Luca, Numana in particolare rientra fra i posti del cuore, quelli che, al di là dello stupore oggettivo – suscitato dall'azzurro del mare a contatto con il verde brillante della natura –, ci piacciono perché ogni anno diventano lo scenario di un pezzo della nostra vita insieme. Mi fa sorridere che a questa cittadina di pescatori sia stato dato il soprannome di «Signora del Conero». Me l'immagino come una donna elegante, non troppo alta e di corporatura robusta, con un grosso cappello a tesa larga, di quelli coloratissimi che si vedono d'estate ma che lei può indossare anche nelle altre stagioni. Dà l'idea di qualcuno pronto a ospitarti.

Non pensate, però, che Numana sia solo mare. Certo, le spiagge di sassolini di Marcelli e Numana Bassa sono piuttosto famose, anche perché molto ampie e comodissime per le esigenze di qualunque famiglia, così come, una volta passato il porto, troverete un'altrettanto attrezzatissima caletta, dalla parte di Numana Alta, chiamata Spiaggiola (perfetta per chi ama fare snorkeling). Ma appunto, c'è anche il centro storico che non va dimenticato! Vi avverto, esattamente come per la scalinata che porta alla piazza di Loreto, anche qui c'è qualche gradino da fare... Beh, non trecento, qualcuno in meno, ma posso assicurarvi che un po' di fiatone non guasterà il delizioso spettacolo di trovarvi di fronte a una scalinata che vi porterà dritti nel cuore del borgo, mentre passeggerete tra due file di vasi con fiori coloratissimi che sprizzano energia allo stato puro. Se poi volete mangiare qualche specialità del posto e godere di un panorama mozzafiato, affacciato sul mare troverete il ristorante La Torre: la qualità del cibo e la gentilezza del personale vi regaleranno dei momenti indimenticabili.

Volete, però, che vi sveli la vera chicca di questo paese, che è considerato uno dei più belli della Riviera del Conero? Io l'ho scoperta di recente e me ne sono innamorata, e soprattutto ora ho capito perché Numana viene chiamata anche la città delle tartarughe (ma quanti soprannomi ha? Me lo sono chiesta anche io!). Tra la Spiaggia dei Frati e la Spiaggiola c'è la caletta delle Tartarughe, ricavata appositamente per la riabilitazione delle Tartarughe Caretta Caretta: lì vengono soccorse e curate, per poi essere di nuovo rilasciate in mare.

Il cosiddetto «Tartaday» è uno dei momenti più emozionanti, quando finalmente quelle bellissime tartarughe prendono di nuovo il largo, in totale libertà, e chi decide di partecipare e assistere può anche approfittare di un bel bagno nel mare cristallino di Numana. Credetemi, è un'esperienza unica nel suo genere!

Siete sufficientemente calati nell'atmosfera? Se chiudete gli occhi, riuscite a scorgere il mare dal belvedere di Numana? Riuscite a sognare la natura un po' selvaggia a picco su questa bellissima distesa blu? Bravi, mi serve la vostra immaginazione perché devo arrivare al punto. Dopo avervi presentato questa zona imprescindibile delle Marche, vi spiego come è diventata uno dei nostri luoghi del cuore.

***Il cosiddetto «Tartaday»
è uno dei momenti più emozionanti,
quando finalmente quelle bellissime tartarughe
prendono di nuovo il largo, in totale libertà,
e chi decide di partecipare e assistere
può anche approfittare di un bel bagno
nel mare cristallino di Numana.***

Ricordate quando vi ho raccontato del nostro matrimonio? Ricordate che era dicembre, precisamente il 23? Perfetto, riuscite a immaginare un anniversario più romantico? Nemmeno io! E la cosa fantastica è che, trattandosi dell'anti Vigilia di Natale, i ristoranti sono praticamente vuoti.

Perciò io e Luca, ogni 23 dicembre, a una certa ora del tardo pomeriggio, prendiamo la nostra auto e partiamo alla volta di Numana, con in mente una destinazione precisa: il ristorante Da Vincenzo.

A colpirci, tutte le volte, non è solo la bontà del pesce che ci viene servito, quanto il servizio e l'atmosfera che si respira. Certo, sappiamo e lo abbiamo già detto che dicembre crea già di per sé un clima caldo, di gioia e di festa, ma vi assicuro che questo posticino, piccolo e accogliente, è pura poesia. A venirci incontro è sempre il proprietario, Vincenzo, che ci riserva tutti gli anni un tavolo più appartato, in una saletta con la luce fioca, in pieno *mood* romantico: non siamo noi a ordinare la cena ma ci affidiamo direttamente al suo gusto, e non ci delude mai, specie quando porta in tavola il pesce crudo e in particolare le... canocchie? Pannocchie? Lo so, sto rovinando l'atmosfera passionale che io stessa volevo restituirvi, ma è importante che sappiate che riguardo al termine con cui indichiamo questo pesce ci sono delle versioni contrastanti. C'è chi dice che si chiamino canocchie e che il termine pannocchie sia solo una trovata più dialettale, c'è invece chi sostiene che si possano usare entrambe le parole e chi come me che *magna* (mangia) e basta. Quindi: Numana luogo del cuore sì, ma anche dello stomaco, a dirla tutta.

2 Da *Ancona* a *Numana*

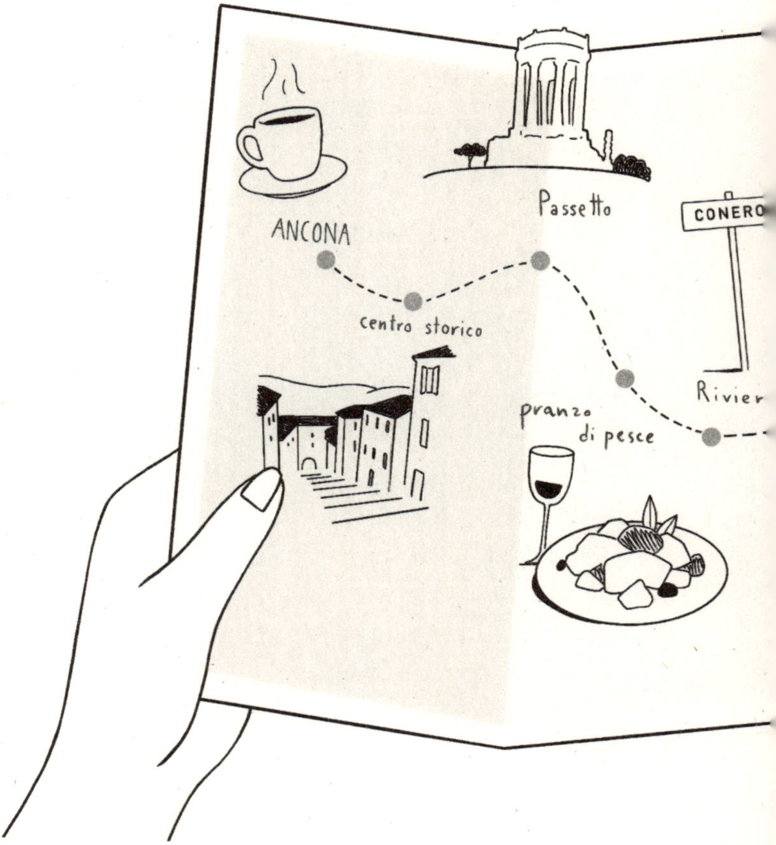

Ore 8:30
Ad **ANCONA** prendi un caffè al *Caffè Giuliani* o *Bar Torino*

Ore 9:00
Esplora il centro storico

Ore 12:30
Passeggiata al Passetto

Ore 13:00
Pranzo a base di pesce. Scelta raffinata: *La Degosteria* o *Ginevra*. Scelta tradizionale: *Ristorante Giardino* o *Osteria del Pozzo*. Da provare: stoccafisso all'anconetana o moscioli di Portonovo (cozze selvatiche tipiche)

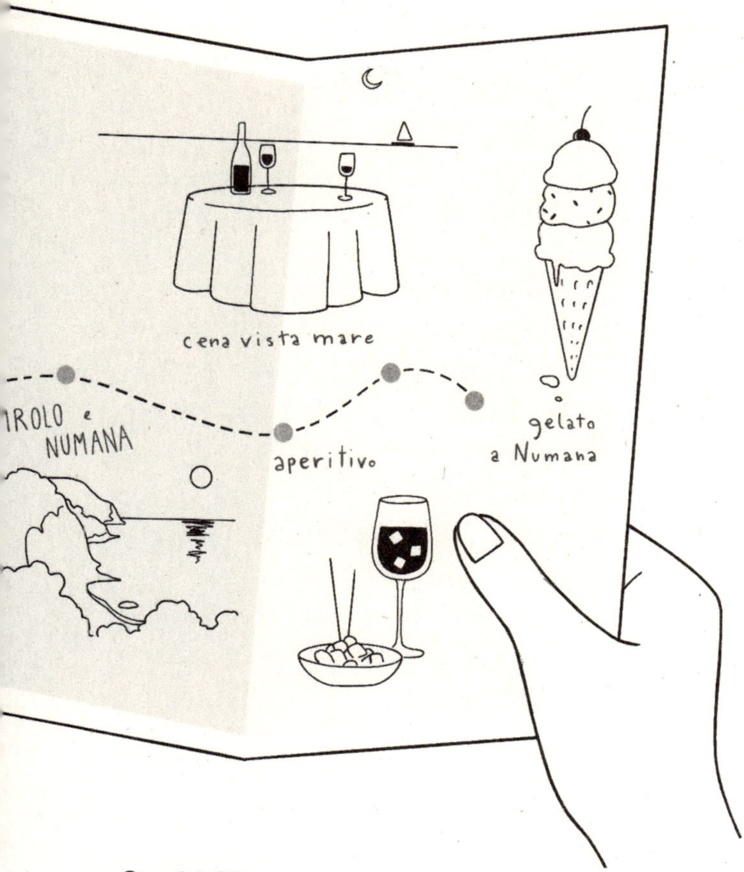

Ore 14:30

Partenza per la **RIVIERA DEL CONERO** (circa 20 minuti di auto)

Ore 17:30

Tappa a **SIROLO** e poi **NUMANA**

Ore 18:30

Aperitivo in piazzetta a Sirolo. Fermati a *La Drogheria* o *Bar La Piazzetta*

Ore 20:00

Cena con vista sul mare. A Sirolo: Ristorante della Rosa, a Sirolo o a Numana La Torre

Dopo cena un gelato da *Morelli* nella piazzetta di Numana

Civitanova Marche

È vero che la mia vita di tutti i giorni è a Sant'Elpidio a Mare, ed è vero che il posto in cui la mia avventura sentimentale e marchigiana è partita è sempre l'antico borgo medievale della Contesa del Secchio. Ma non posso fare a meno di inserire fra i luoghi del cuore anche un'altra città, che forse non è fra le più note per monumenti, musei e belvedere, ma è di sicuro un posto speciale per la sottoscritta. *Sci, fra', è cuscì, staco parlenne de Citanò* (Sì, fratello, è così, sto parlando di Civitanova), ovvero Civitanova Marche.

Iniziamo con la buona cucina: se l'intento è quello – come immagino – di godere di un'ottima cucina tradizionale (ma mai banale, anzi, molto particolare) e di un po' di buon pesce, vi consiglio il ristorante Da Enzo. Con un locale in stile tipico degli anni Settanta, Enzo, che in cucina bazzica da oltre cinquant'anni, vi accoglierà alla sua maniera: potete ordinare un piatto di pasta Mancini (uno dei pastifici migliori delle Marche) alla «come te pare a te», che è poi quello che chiede sempre mio marito Luca. Anzi, dite pure che vi mando io e domandate un po' di sconto (al massimo se la prenderà con me!).

Se vorrete spendere ancora il mio nome, riceverete

un trattamento altrettanto speciale da Paolo, nel suo magnifico ristorante Petè, proprio in riva al mare. La sua simpatia, la sua accoglienza, i piatti tradizionali «rivisitati» vi piaceranno moltissimo, ne sono certa. E se avete la fortuna di capitarci quando la mamma Luana prepara una delle sue magnifiche crostate... avrete fatto bingo! Non vi nego, poi, che durante i mesi invernali, quando ho bisogno di ricaricare un po' le energie, il ristorante music bar La Serra diventa il mio luogo di riferimento. Musica dal vivo, deejay, una bellissima gioventù e un ambiente dall'atmosfera calda ed energica creano il «format La Serra», unico ma al contempo dallo spirito internazionale. Andate, chiedete di Silvano – sciupafemmine incallito e marchigiano DOC – e forse troverete posto... Forse. «Sei la mia regina», mi dice sempre, ma chissà quante regine e quanti regni avrà frequentato l'affascinante playboy nostrano.

A questo punto, però, ho anche una «confessione» da farvi, che mi e ci rende anche molto orgogliosi. Perché in realtà, il posto a cui mi sento emotivamente più legata, qui a Civitanova, è un bar, quello che ancora oggi si chiama Vecchio Caffè Maretto e che si trova in piazza XX Settembre, proprio sotto le logge del Palazzo comunale in pieno centro. Insieme a Luca, ormai molti anni fa, avevamo deciso di riportarlo in vita e di rivalutare l'attività, perché ci sembrava anzitutto di poter fare qualcosa di utile per un territorio che entrambi amavamo e amiamo alla follia.

All'epoca conducevo un programma musicale su Rai Uno dal titolo molto buffo, *Taratatà*, insieme a Vincenzo Mollica, e lì avevo avuto l'occasione di conoscere il maestro Milo Manara, che realizzava in diretta delle illustrazioni che interpretavano, secondo il suo personale gusto, tutti gli argomenti che venivano fuori durante la puntata. Condividendo con Mollica il progetto del nuovo bar Maretto, a lui venne l'idea di coinvolgere Manara per realizzare dei disegni all'interno del locale. Riuscì a convincerlo e alla fine il risultato fu spettacolare: se vi capiterà di entrare al Vecchio Caffè Maretto, a Civitanova, quando avrete varcato la soglia, alzate lo sguardo e troverete le volte ricoperte di angeli e di nuvole, progettate e disegnate nientemeno che da Milo Manara, e realizzate con l'aiuto degli studenti dell'Accademia di Belle Arti di Macerata. Ci tengo a precisare che tutto è in pieno stile Manara, il quale ha dato il meglio di sé «regalando» al locale le sue iconiche figure femminili: una scena «paradisiaca» definita da *Artribune* la «Cappella Sistina» (che di biblico ha ben poco) di Civitanova Marche.

Se vi capiterà di entrare
al Vecchio Caffè Maretto, a Civitanova,
quando avrete varcato la soglia,
alzate lo sguardo e troverete le volte ricoperte
di angeli e di nuvole, progettate e disegnate
nientemeno che da Milo Manara,
e realizzate con l'aiuto degli studenti
dell'Accademia di Belle Arti di Macerata.

Non solo, per questo progetto avevo coinvolto anche Roberto Cavalli, che realizzò, all'epoca, le stoffe per le sedute e i rivestimenti del locale. Insomma, avevamo provato a fare le cose davvero in grande. Ecco perché Civitanova rappresenterà sempre un pezzo di me, perché al di là delle bellissime e lunghe passeggiate sul molo, al di là del faro verde e della scritta *«Che tte sa li milanesi!»* (Che cosa ne sanno i milanesi!) che mi fa sempre molto ridere, e al di là di alcune chicche, come la vecchia pescheria in stile liberty o la street art del Molo Sud, che ospita questa sorta di museo a cielo aperto di arte urbana dal titolo «Vedo a colori», qui, a Citanò, ho visto crescere per qualche anno la nostra famiglia e anche un progetto artistico che resta oggi un bene comune, di cui tutti, turisti compresi, possono godere.

13
GEN

2

La bellezza (quasi) nascosta ***e il buon cibo*** (meno nascosto)

Tra frustingo e cremini

Sono sicura che a questo punto del racconto qualcuno griderà: «Ce l'abbiamo fatta!». Finalmente ci siamo arrivati, sì. Parliamo – anche – di buon cibo, quello che dopotutto, in Italia, non manca mai. Ma qui l'attenzione è sulle Marche, perciò *daje de* (dai di) ciauscolo, frustingo e cremini. Tranquilli, non sono parolacce né termini dialettali ma i nomi di alcuni prodotti tipici della nostra regione.

Prima di parlarvi di tutti quei borghi marchigiani che ho scoperto e amato nel tempo, e prima di descrivervi la bellezza nascosta alla maggior parte dei visitatori (e talvolta anche dei marchigiani stessi) così come quella di alcuni dei ristoranti e delle cantine a cui io e mio marito siamo affezionati, serve che vi dica cosa siamo abituati a mangiare. Spegnete per un attimo *MasterChef* e calatevi insieme a me nel cuore *'gnorante* (ignorante, inteso qui come verace) delle Marche.

La base: *lu ciausculu* (il ciauscolo). Detto anche «ciabuscolo», è il salame tipico della nostra regione, quello che ci invidiano un po' tutti tranne ovviamente quelli che ancora non l'hanno assaggiato. Fa parte della tradizione contadina dell'entroterra marchigiano e umbro, ma il riconoscimento IGP viene dato soltanto al ciauscolo prodotto nelle province di Fermo, Macerata, Ancona e Ascoli Piceno.

La cosa bella di questo salame – che profuma di vino bianco, finocchietto, aglio e pepe – è che si può spalmare sul pane fresco (sì, avete capito bene, «spal-mare») o sui crostoni di pane accompagnato con salsine di verdure e formaggio. Avete mai assaggiato un crostino ciauscolo e stracchino? E le famose tagliatelle al ciauscolo? Vi toccherà rimediare se volete farvi un'idea del Paradiso in terra. Subito dopo il ciauscolo abbiamo… le olive ascolane? Beh, certo, quelle le conoscete sicuramente, credo sia superfluo nominarle, ma forse non tutti hanno ancora gustato i cremini. Quando vi troverete davanti a una meravigliosa distesa di cubetti di crema pasticcera fritta, non voglio sentire polemiche: qui si mangiano assieme alle olive come antipasto. No, no e poi no, non è un dolce. Cioè, sì, quella è crema pasticcera e in teoria ci troveremmo di fronte a un dolce, ma qui nelle Marche si mangia prima. Prima del primo, prima del secondo e prima del dolce. Ogni volta che un non marchigiano mangia un cremino alla fine del pasto, un marchigiano vero muore, ricordatevelo altrimenti ci avrete sulla coscienza.

A proposito di primi, che ne pensate di un bel piatto di vincisgrassi? Sento già qualcuno che in lontananza dice: «Cambia il nome, ma sono come le lasagne alla bolognese…». No, a esser precisi non è così. L'aspetto è identico, ci troviamo di fronte a delle classiche lasagne, ma quello che cambia nella ricetta originale – che è tutt'altro che leggera, diciamolo – è ciò che mettiamo nell'impasto e nel sugo. Non starò qui a disquisire sull'origine del nome «vincisgrassi», dato che ci sono più versioni che risalgono addirittura al Settecento, ma vi dico con certezza che il sugo non è quello del semplice ragù, perché alla carne – tagliata, non macinata! – vengono aggiunti anche i rigagli di pollo, mentre nell'impasto della sfoglia viene aggiunto un tocco del classico vino cotto. E no, il vino cotto non è il vin cotto (tipico lucano e pugliese) o il vin santo (tipico toscano).

Sui secondi, probabilmente le Marche non hanno delle ricette chissà quanto tipiche, sebbene le uova in trippa e il coniglio in porchetta non ci dispiacciano (amici vegani, chiudete gli occhi e saltate queste righe, vi domando scusa), ma qualcosa di veramente particolare arriva al momento di servire il dolce. Nella top five dei prodotti immancabili – anche se non piace proprio a tutti – c'è senza ombra di dubbio il frustingo, che si mangia nel periodo natalizio.

Personalmente, non mi sono mai cimentata nella preparazione, anche perché è piuttosto lunga, specie per quanto riguarda l'organizzazione di tutti gli ingredienti: dal pane (raffermo) che deve essere tagliato a fettine sottilissime alle noci, alle mandorle e ai pinoli, anch'essi tagliati a pezzi piccoli, senza dimenticare noce moscata, pepe, cacao, caffè, saporita (miscela di spezie aromatiche), zucchero e un pizzico di sale. Questi sono solo alcuni degli ingredienti del frustingo, e le versioni delle ricette variano a seconda delle tradizioni locali, ma è e resta una torta bassa, morbida, umida e scura, arricchita dal gusto della frutta secca, dei fichi e di tanti aromi profumatissimi.

Bene, ora che anche voi possedete gli strumenti base, direi di addentrarci nel vivo dell'esplorazione, tenendo ben presente che la scelta dei luoghi, dei cibi, dei vini e dei ristoranti è puramente personale. Posti in cui sono stata, ricordi divertenti, scorci che mi hanno rubato il cuore e piatti che mi hanno rubato la fame.

Civitanova Alta, e il Medioevo continua

Sono certa che nessuno si stupirà di fronte al fatto che pure Civitanova Alta è un borgo… medievale. Lo splendore dell'epoca dei Comuni e delle Signorie ce lo siamo portati dietro fino a oggi, e ne andiamo particolarmente fieri.

A questo borgo, io e mio marito siamo legati per una questione culinaria e non solo. Direi prima ancora di vera amicizia.

A cinque minuti di auto dal centro storico di Civitanova Alta, troverete il ristorante Mangia, di Paolo e Antonella: una garanzia a partire proprio dal nome. La caratteristica di questo ristorante dalla location avvolgente e in pieno stile marchigiano, immersa com'è nel verde delle colline nostrane (e con una vista sui vitigni davvero pazzesca), è che ogni esperienza – dalla singola cena alla degustazione, alla cerimonia – può essere personalizzata e curata nei minimi dettagli. Gli allestimenti delle sale e il giardino con tutti i suoi profumi, beh, fanno il resto.

La cucina è sì, quella con i prodotti tipici marchigiani e umbri, ma rivisitata in chiave moderna e quasi sperimentale, tanto è unica nel suo genere.

Perché, però, vi parlo di amicizia? Non solo per il legame che abbiamo costruito con i proprietari, ma perché questo è il ristorante di riferimento per le cene con i nostri più cari amici. Considerato tra i cinque ristoranti top della zona, noi al Mangia abbiamo sempre festeggiato le migliori serate dell'ultimo dell'anno. No, che avete capito, non quelle del 31 dicembre, bensì quelle del Capodanno russo!

Quando si avvicinano le date del 13 e 14 gennaio (rispettivamente l'ultimo dell'anno e il Capodanno russi), Paolo e Antonella allestiscono un tavolo tutto per noi, a tema e rigorosamente luccicante! Immaginate la scena: tredici giorni dopo il Capodanno italiano, del tutto fuori tempo massimo, un gruppo di amici si presenta con un look sofisticato per festeggiare… il Capodanno. Un'altra volta. Trombette, cappellini con su scritto «Happy New Year», auguri a mezzanotte, baci e abbracci.

Natale in Russia e nelle Marche

Quello delle vacanze di Natale e soprattutto il ponte, per così dire, che ci accompagna da un anno all'altro, è un periodo molto sentito in Russia, e dura parecchi giorni. Quando ripenso ai Natali di quand'ero bambina mi prende una botta di nostalgia mista a gioia. Specifico una cosa fondamentale: la festa del Natale, in Russia, era stata abolita nel 1929 per essere poi reintrodotta dopo il crollo dell'Unione Sovietica. Da quel momento in avanti, il Natale si è sempre festeggiato il 7 di gennaio – mentre in Italia, come sapete, quello è il giorno in cui le festività, ufficialmente, sono chiuse (perché l'Epifania «tutte le feste si porta via»!). Per circa settant'anni, in Russia il giorno più importante dell'anno è stato il Capodanno, ecco perché il 31 dicembre festeggiavamo un po' tutto: il «Vecchio» Natale e l'arrivo dell'Anno Nuovo. Ma chi è Babbo Natale, per noi russi? Si chiama Nonno Gelo (padrone della neve e del ghiaccio) e arriva in un modo un po' più convenzionale rispetto all'Italia, non passa dal camino ma bussa direttamente alla porta di casa accompagnato dalla sua nipotina Sneguročka, mentre i bambini sono lì, pronti ad accoglierlo con filastrocche e canti. Ricordo quei momenti d'attesa con una felicità e un entusiasmo ancora oggi tangibili, emozionata com'ero per quell'atmosfera incantevole, acuita anche dalla presenza di luci, decorazioni, mandarini a profusione e ovviamente dall'immancabile insalata russa. Molte sono le usanze che coincidono fra Russia e Italia, come l'addobbo degli abeti e lo scambio dei regali, ma la grande curiosità riguarda i vecchi rituali che ancora persistono: la maggior parte di essi è rivolta alle ragazze che vogliono scoprire quando arriverà il loro sposo. Ad esempio, per conoscere il nome del futuro marito, alla mezzanotte della sera di Natale in Russia si esce per strada e si domanda «Come ti chiami?» al primo uomo che s'incontra (sono piuttosto sicura che, nel mio caso, avrei avuto difficoltà a trovare qualcuno di nome Luca...).

Oppure, per sapere quanto si dovrà attendere prima del matrimonio, basterà legare l'anello di fidanzamento della mamma o della nonna a un filo di cotone e farlo penzolare dentro un bicchiere colmo d'acqua. La conta dei rintocchi dell'anello contro il vetro corrisponderà agli anni mancanti. Ma le feste non terminano con il «Vecchio» Capodanno, che cade, come ormai sapete, la notte del 13 gennaio. Abbiamo ancora un evento speciale da onorare: tra il 18 e il 19 gennaio in Russia si festeggia il Battesimo di Gesù secondo il rito ortodosso, e la credenza è che, proprio quella notte, l'acqua sia benedetta. Non ci si reca soltanto in chiesa a prendere l'acqua santa ma addirittura c'è l'immersione corporale nei fiumi con una temperatura di... venti gradi sotto lo zero. Capite, ora, perché siamo così resistenti a tutto? Duri come l'acciaio! E pensate che chi non può raggiungere il fiume, può comunque recarsi nella piazza Rossa di Mosca dove vengono allestiti tini colmi d'acqua in cui le donne, con indosso una veste bianca, possono bagnarsi. Mia madre sostiene che così facendo nessuno si ammalerà, tanto che ogni anno, il 19 gennaio, mi telefona per ricordarmi di fare la doccia – ebbene sì, anche l'acqua dei rubinetti diventa santa. «Natasha, mi raccomando» mi dice insistente, e io provo a ribattere: «Ma mamma, siamo in Italia, qui questa tradizione non esist...», neanche il tempo di finire la frase che torna alla carica: «Ti ho detto che devi farti la doccia oggi! Per forza! Non m'interessa che in Italia non esiste!». È talmente tanto convincente che alla fine faccio la stessa cosa con mia figlia Sasha, spudorata e senza vergogna. In tutto ciò, comunque, una cosa veramente buona è la durata delle mie festività: inizio con il 23 dicembre, anniversario di matrimonio, e proseguo fino al 19 gennaio, non stop! Natale italiano, Natale russo, capodanni doppi e tripli, da quando sono in Italia ogni celebrazione è raddoppiata e passo metà dell'anno a festeggiare. Non male avere due culture, eh?

La gente intorno pensa che siamo fuori di capoccia – il che, detto inter nos, non è del tutto falso – e più vediamo le loro facce sbigottite più noi festeggiamo. Il prossimo anno siete tutti invitati, va bene?

Sappiate però che non ordiniamo mai dal menù ma ci affidiamo alla creatività dei proprietari, che non ci deludono davvero mai, anzi. Ogni volta assaggiamo i loro piatti con uno stupore tutto nuovo. Dunque, se volete fare davvero un figurone, fingetevi russi e dite che siete lì per festeggiare l'ultimo dell'anno assieme a Natasha: vedrete che trattamento coi fiocchi, anzi, coi botti!

Civitanova Alta non è soltanto buon cibo.

Avete mai sentito parlare di Annibal Caro, il traduttore, poeta e drammaturgo che nacque proprio a Civitanova nel Cinquecento?

Ecco, qui troverete il bellissimo teatro a lui dedicato, ristrutturato nel 1997 e con un soffitto affrescato che rende l'ambiente ancora più suggestivo. Per non parlare della vera chicca del posto: proprio in piazza della Libertà, a cui arriverete dopo aver oltrepassato Porta Marina – che in realtà si chiamerebbe Porta Sant'Angelo, ed è uno dei quattro ingressi al borgo – c'è lo storico Caffè Cerolini, risalente al 1836. Si affaccia proprio sul loggiato del Palazzo municipale che ospita anche il Teatro Annibal Caro – i due ambienti comunicano attraverso una sala prove per i musicisti.

La prima volta che sono entrata, a colpirmi è stato lo stile di questo Caffè, tutto in liberty. La sala da tè è anche arricchita da coloratissimi quadri e vetrinette in cui sono conservati pezzi da collezione, come tazzine e bottiglie d'epoca. Insomma, un luogo speciale per una pausa speciale a zonzo per i borghi marchigiani.

Ascoli Piceno, là dove nasce la nostra ispirazione

Le nostre passeggiate marchigiane, dopo un po' che ho iniziato a sentire «mio» questo territorio, si sono concentrate molto su quella che fino a una manciata di anni fa era anche la provincia sotto cui rientrava Sant'Elpidio a Mare. Sto parlando di Ascoli Piceno, che vanta una delle piazze più belle della regione e d'Italia.

Ho iniziato a frequentare la città già prima del matrimonio con Luca, perché papà Raffaele, mio suocero, mi accompagnava spesso per il rinnovo del visto. Trascorrere del tempo con lui era qualcosa di prezioso, si è sempre dimostrato un uomo dall'intelligenza vivace e sofisticata, e poi diciamolo: mi adorava. Una volta, quando eravamo in prefettura, capitò che l'avessero scambiato scherzosamente per mio marito, e lui ne fu fierissimo! Gli si gonfiò il petto di orgoglio e lo riferì immediatamente al figlio. Ci volevamo un gran bene.

Ma ho iniziato a godermi davvero la bellezza di Ascoli Piceno una volta che non era più necessario che ci andassi per il visto. In una delle gite fuori porta con Luca, attraversando la famosa piazza del Popolo – conosciuta anche come «Salotto d'Italia», per quanto è sontuosa ed elegante – ci siamo fermati a bere un tè allo storico Caffè Meletti, uno dei simboli della città sito accanto al Palazzo dei Capitani. Forse qualcuno di voi l'avrà già sentito nominare, dopotutto Ascoli è spesso oggetto di documentari sulle città d'Italia, e il Meletti diventa un protagonista indiscusso. Ma quanti di voi ci sono mai entrati? Già la facciata del locale merita una contemplazione a sé: neoclassica, in un color rosa tenue, delicatissimo, dà l'idea di qualcosa di ordinato, eterno ma allo stesso tempo attualissimo. Gli interni sono in stile liberty e ora sì, che facciamo un vero tuffo nel passato. Ogni angolo sembra non aver subito il trascorrere del tempo, esattamente come quando il signor Silvio Meletti lo acquistò nel 1905 per inaugurarlo due anni dopo.

Ed è qui che entriamo in gioco io e Luca: sedendoci e guardandoci attorno, non abbiamo potuto fare a meno di contemplare il soffitto decorato da affreschi che richiamano il tema dell'anice. Che c'entra adesso l'anice, dirà qualcuno? Beh, ragazzi, Ascoli Piceno ha dato i natali nientemeno che alla famosa Anisetta (il liquore ottenuto dalla distillazione di semi di anice e altre spezie aromatiche), prodotta sempre da quel noto signor Meletti a partire dal 1870. Avete capito che qui si fa la Storia? Anche perché, in questo Caffè, si sono seduti nel tempo nientemeno che Hemingway, Sartre, Guttuso, Pertini e moltissime altre personalità della letteratura, della politica e dell'arte.

E ovviamente anche io e Luca, eh. Non dimentichiamolo, anzi. Segnatevelo proprio.

Dicevo, quindi, che gli affreschi del Caffè e in generale l'atmosfera del locale, illuminato da lampadari in ottone e vetro di Murano, ci hanno ispirato per quello che sarebbe stato il nostro futuro Caffè Maretto a Civitanova (tra l'altro, il nome si somiglia: Meletti, Maretto... Va beh, scherzavo). A un certo punto, ricordo nitidamente che Luca mi ha guardato, io ho guardato lui, e qualcosa si è acceso nelle nostre teste, contemporaneamente. Quando si dice: la sintonia. Ho sposato proprio l'uomo giusto, non c'è dubbio.

Ascoli Piceno ha dato i natali nientemeno che alla famosa Anisetta (il liquore ottenuto dalla distillazione di semi di anice e altre spezie aromatiche), prodotta sempre da quel noto signor Meletti a partire dal 1870.

Attenzione, attenzione, ho anche un'altra cosa da dirvi riguardo all'Anisetta. Ad Ascoli, nel 1877, nasce un altro grande prodotto, che prende il nome dall'antica farmacia ancora esistente: l'Anisetta Rosati. Oggi il grande marchio Rosati – che comprende anche i famosi panettoni, unici nel loro genere, farciti con l'oliva ascolana e che ogni anno portiamo con noi in Brasile per arricchire le nostre «sane» colazioni – è gestito dal nostro amico Marco Rosati, proprietario ormai di un brand di eccellente qualità. Nella farmacia potrete trovare tantissimi prodotti elegantemente confezionati (ottimi se volete fare un regalo a qualche amico). Manca ancora una notizia importante su Ascoli Piceno. Piazza del Popolo gareggia spietatamente con un'altra bellissima piazza, forse leggermente più contenuta nelle dimensioni ma ricca di monumenti: piazza Arringo. Qui c'è la Pinacoteca Civica, il Duomo di Sant'Emidio, il Battistero di San Giovanni e il Palazzo Episcopale con il Museo Diocesano. Certo, il fulcro dell'attività religiosa di Ascoli resta la Chiesa di San Francesco in piazza del Popolo, con la sua imponente sagoma gotica, ma devo avvisarvi che è nella cripta del Duomo di Sant'Emidio che troverete il mausoleo in cui è conservato il corpo del santo patrono e protettore della città, e anche lo stupefacente Polittico del Crivelli.

A proposito di Sant'Emidio, sapevate che Ascoli vanta anche altri luoghi dedicati al santo? Ci sono ben due tempietti, molto poco conosciuti al grande pubblico dei visitatori ma che meritano almeno una visita: il tempio di Sant'Emidio alle grotte e il tempio di Sant'Emidio Rosso.

Lo confesso, io mi sono innamorata subito del primo, quello che sorgerebbe, seguendo la vulgata, nel posto in cui il santo avrebbe portato, autonomamente, la propria testa... Eh, sì. Lo so. Fa strano dirlo ma pare che sia andata così.

Leggenda vuole che Sant'Emidio, dopo essere stato decapitato, abbia lasciato, lì dove un tempo sorgeva la necropoli cristiana della città, la sua testa mozzata, esprimendo la volontà di esserci seppellito. Una scelta niente male, direi, considerando che questo tempio in architettura barocca è praticamente integrato alla roccia della grotta. Per me, indimenticabile – tanto la leggenda quanto la struttura.

Tra le bellezze che ho appena citato, un posto d'onore nella mia guida sentimentale – che si chiama così, dopotutto, perché nasce da un ricordo personale, da un'intimità che non ha a che vedere soltanto con i luoghi ma con quello che hanno rappresentato per me – ce l'ha la Pinacoteca Civica, dove ho avuto l'onore di presentare il mio primo romanzo. Dopo aver fatto un giro della pinacoteca, ed essermi riempita gli occhi del grande patrimonio che vi è conservato – dai due trittici di Carlo Crivelli, ai dipinti del Tiziano e di Pellizza da Volpedo, tutte opere inserite in splendide sale con poltrone, specchiere, cassettoni e consolles del XVIII e XIX secolo – sono entrata nella Sala della Vittoria, dove mi hanno accolta il sindaco di Ascoli Piceno Marco Fioravanti, l'imprenditore ed esperto di formazione Marcello Mancini e la giornalista e vice presidente di Roi Edizioni Sara Pagnanelli, che ha moderato l'incontro (entrambi fondatori di Life Strategies).

Con immenso piacere, ho potuto aprire l'edizione 2023 di Asculum Festival, uno dei grandi eventi che dal 2021 anima la città con ospiti di notevole spessore culturale, e farlo in una sala storica come questa, beh, è stato davvero emozionante: vi si accede dopo aver percorso un breve corridoio in cui però c'è parte della collezione Ceci, con dipinti non solo toscani ma anche fiamminghi, e poi ecco aprirsi di fronte a voi un ampissimo salone che nel Medioevo ha ospitato il Consiglio Generale, ma non solo.

Quando mi hanno spiegato che tra la metà del Seicento e la prima metà dell'Ottocento questa sala ospitò anche il primo teatro comunale della città, tutto in legno, mi sono davvero stupita. Credetemi se vi dico che è stata una delle esperienze più belle come neo autrice, una location d'eccezione e tanta gente ad animare la pinacoteca.

Tornando però a un giro più classico, stavo quasi dimenticando di dirvi che una visita obbligatoria è al Teatro Ventidio Basso, bello da togliere il fiato – e che ho potuto visitare per la prima volta sempre in occasione di Asculum Festival.

Lo troverete vicinissimo a piazza del Popolo e non potrete fare a meno di riconoscerlo subito: anche per il teatro, come per il Caffè Meletti, la facciata è neoclassica ed è tutta in travertino; una volta entrati, accederete anzitutto a un foyer con una volta a cassettoni in stucco decorati a rosoncini, e poi alla vera e propria sala che ospita una decorazione sul soffitto veramente pazzesca: le otto Muse (sarebbero nove, manca Urania) fluttuano leggiadre dentro questa specie di rosone centrale dai colori pastello.

Le rughe e i sestieri di Ascoli Piceno

Forse in pochi sanno che Ascoli Piceno non ha dei quartieri ma dei sestieri, ognuno contraddistinto da uno stemma e colori ben precisi; quando l'ho scoperto non mi sono stupita più di tanto, visto che a Sant'Elpidio abbiamo – come ormai sapete dal capitolo precedente – una tradizione di Contrade piuttosto sentita. Ecco, i sestieri di Ascoli un po' ci somigliano: c'è Piazzarola, arroccata nella parte alta della città; Porta Maggiore che invece si estende verso Est; Porta Romana nella parte Ovest; Porta Solestà che è a Nord; Porta Tufilla, nel cui territorio troverete il tempietto di Sant'Emidio alle grotte di cui vi ho parlato; e infine Sant'Emidio, che è invece all'interno del centro storico cittadino. Esattamente come a Sant'Elpidio per la Contesa del Secchio, qui ad Ascoli i sestieri si sfidano nella Giostra della Quintana tra la metà di luglio e la prima settimana di agosto, assolutamente da non perdere. E cosa sono, invece, le cosiddette «rughe»? Camminando per la città, noterete che alcuni vicoli hanno la dicitura di «rue», quelle viuzze che dalle mura conducono al cuore del centro storico. «Rue» è la traduzione dal latino di «rughe», e io trovo questa scelta particolarmente romantica, quasi a significare che Ascoli Piceno, così come tantissime altre città delle Marche e d'Italia, non sono soltanto luoghi ma hanno un'anima ben definita che le rendono «umane», con una sensibilità e un respiro che prescinde anche da chi le abita.

A Ripatransone
con il vino biologico
della cantina Fontursia

A pochi chilometri dal mare, sulle colline dell'ascolano e precisamente a Ripatransone – dove, per inciso, si trova il vicolo più stretto d'Italia, che sorge proprio nel centro storico: immaginatemi mentre tento di attraversarlo, muovendomi di profilo attraverso questa mini viuzza... Credevo che sarei rimasta incastrata lì per sempre! – ho vissuto una delle esperienze più singolari dal punto di vista della degustazione dei vini. Sapete che sono (ancora per ora, almeno) una ex intenditrice e bevitrice di vino, e quando Gianmarco Veccia mi ha invitato a sperimentare, ormai qualche tempo fa, il prodotto biologico della sua cantina Fontursia, non ho potuto dire di no. Qui la cultura biologica si unisce a una accurata selezione dei vini e all'esaltazione delle tipicità del territorio, dunque l'amore per la terra di origine, le Marche, si sposa alla perfezione con una passione sfegatata per il vino. Io, mio marito Luca e alcuni cari amici siamo rimasti piacevolmente stupiti: ci siamo seduti a tavola, abbiamo iniziato la degustazione di queste meravigliose bevande biologiche, e più passava il tempo più noi... bevevamo. Il vino era talmente buono, talmente delicato, che scivolava giù senza che noi ce ne accorgessimo. Avevamo fatto talmente tanti assaggi che a un certo punto ci siamo guardati e abbiamo detto: «Non riusciremo neanche a stare in piedi». Non ci crederete, ma appena ci siamo alzati, con grandissimo stupore ho esclamato: «Ma io non sento niente, anzi, sto benissimo!». Il vino biologico della cantina Fontursia non ha soltanto un gusto eccezionale, ma la particolarità è che risulta così leggero da non lasciare traccia: nessun mal di testa, nessun capogiro, nessuna strana sensazione «da sbronza». Uscirete dalle vostre cene felici, contenti e soprattutto integri! Parola di «bevitrice astemia».

Passerete gran parte del tempo col naso all'insù prima di accorgervi che c'è un altro dettaglio importante: la decorazione del sipario, raffigurante *Il trionfo di Ventidio Basso sui Parti* del pittore anconetano Vincenzo Podesti. Anche quello, bello da togliere il fiato (spero che alla fine ve ne resti un po', abbiamo ancora tante cose belle da vedere nelle Marche e ci serve fiato soprattutto per andare su e giù per le colline).

3 Da *Ascoli Piceno* a *Grottammare Alta*

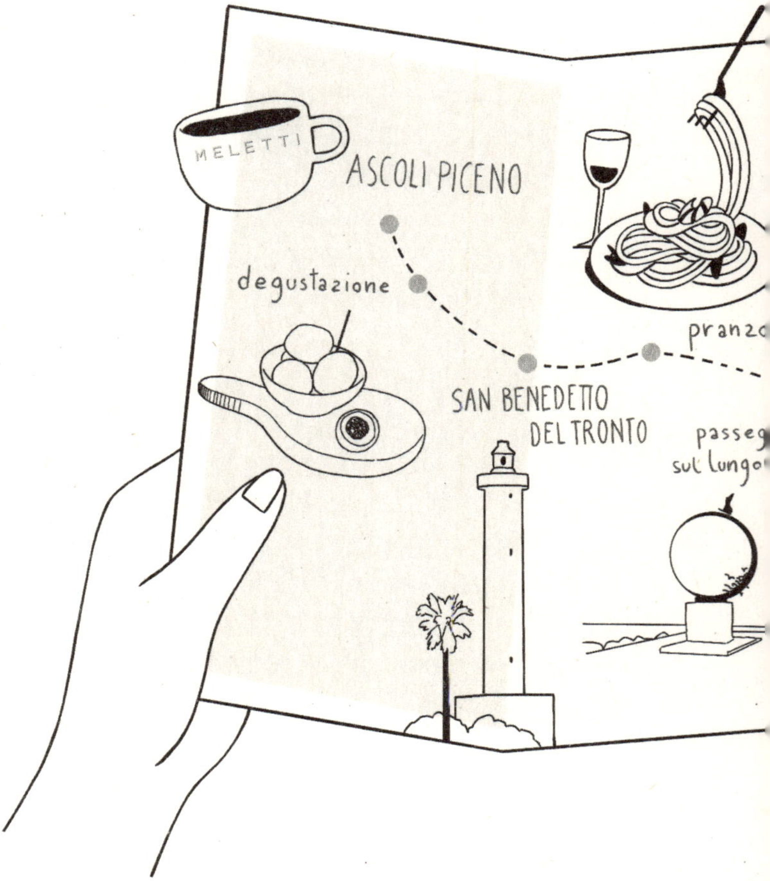

Ore 9:00

Colazione ad Ascoli Piceno in piazza del Popolo, al *Caffè Meletti*

Ore 11:30

Degustazione di olive ascolane

Ore 12:00

Partenza per **SAN BENEDETTO DEL TRONTO** (circa 30 minuti di auto)

Ore 13:00

Pranzo a San Benedetto, scegli un ristorante sul lungomare come *Chalet La Croisette*, *Molo Sud* o *La Vecchia Campana*

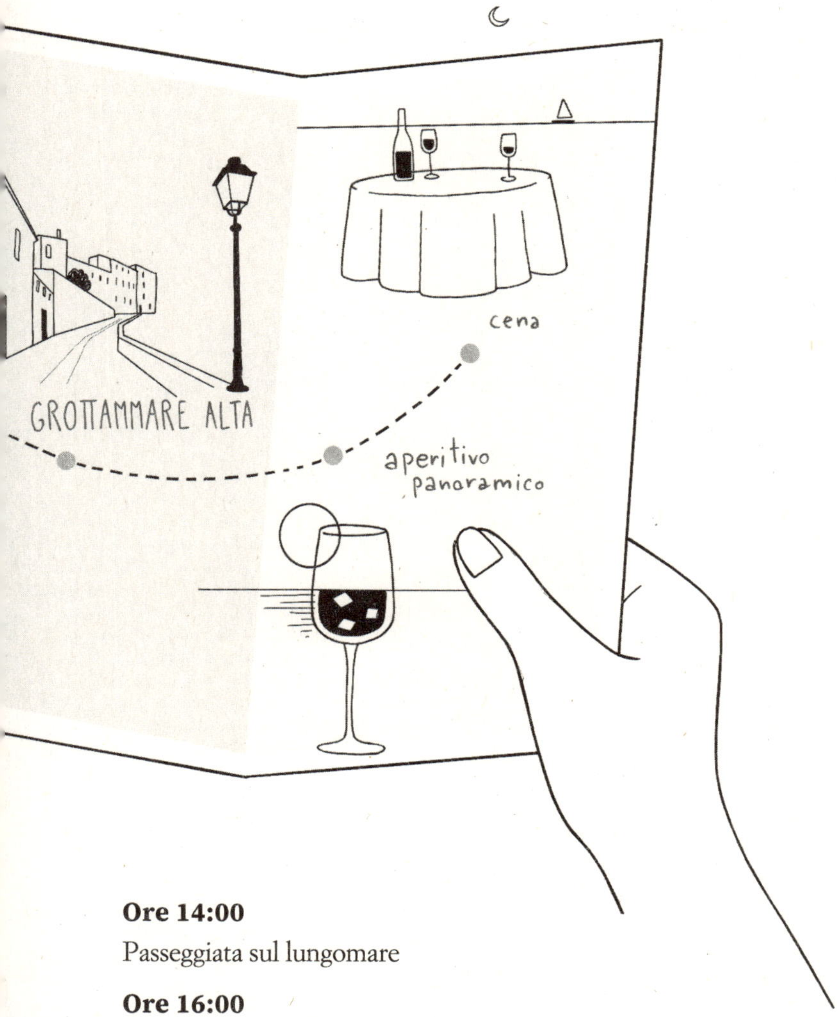

Ore 14:00

Passeggiata sul lungomare

Ore 16:00

Partenza per **GROTTAMMARE ALTA** (circa 10 minuti di auto) e a seguire visita del centro storico

Ore 18:30

Aperitivo panoramico da *Osteria dell'Arancio* o V*ineria M481*

Ore 20:30

Cena a Grottammare Alta in un ristorante tipico come *Borgo Antico*

Offida e il mio... personalissimo vino rosso!

Sono stata una grande bevitrice, soprattutto di vino e, nello specifico, di rosso. Avete presente, no? Quello corposo, rotondo, che ti avvolge il palato e che fa di una semplice cena un pasto coi fiocchi, alleggerendo anche un po' la mente. Scherzando con le mie amiche di bicchiere, il motto di sempre è stato: «Sono alcolista e per niente anonima!». Infatti non trascorreva una sera in cui non accompagnassi le mie cene con due o tre bicchieri di vino. Eh sì, uso il verbo al passato perché ahimè, o forse per fortuna, mi sono presa una lunga pausa dal vino e da oltre un anno non bevo praticamente più. Sono una «impropriamente astemia» o, come dice mio marito, «una tristemente astemia, ma ottima autista dopo cena».

Beh, resta comunque il fatto che la mia cosiddetta «anima precedente», quella da bevitrice, esigeva qualcosa in più, cioè un volto. Per fare cosa? Per abbinare una mia foto all'etichetta di un grande rosso piceno, l'«Esperanto» della cantina Ciù Ciù di Offida, e chiamarlo poi «Nat». Così, per anni, con la complicità di Walter, il simpaticissimo e disponibile proprietario della cantina, abbiamo selezionato ed etichettato centinaia di bottiglie delle annate migliori, da regalare a Natale o nelle ricorrenze più importanti.

Ora quelle bottiglie sono praticamente introvabili, per cui lancio un appello a chi ancora ne conservasse una: non bevetelo, aspettate che «ritorni in me» e ce la scoleremo insieme!

Anche Offida, però, al di là delle sue meravigliose colline piene di vigneti e delle cantine che potete trovare nei dintorni della cittadina, è considerato uno dei Borghi più belli d'Italia (ce ne sono parecchi nelle Marche!), e perché, vi domanderete voi? Semplicissimo: in questo borgo spalmato su uno sperone roccioso, trovate anzitutto una meravigliosa chiesa, quella di Santa Maria della Rocca, che ha un'architettura medievale veramente straordinaria: la struttura è circondata su tre lati da dirupi che la rendono ancora più imponente e che offrono ai visitatori un panorama pazzesco.

Una cosa davvero particolare, con un gioiellino che troverete solo qui, è il Museo del Merletto a Tombolo,

Spinetoli e il ristorante **Paglià, pizza e fichi**

A meno di venti minuti di auto da Offida, nel caso a una certa ora della sera vi venisse fame, vi consiglio di raggiungere il paese di Spinetoli (precisamente la frazione di Pagliare del Tronto), dove oltre alle consuete chiese – che ormai, l'avete capito, nelle Marche sorgono maestose in ogni dove! – troverete un ristorante che per noi è davvero speciale: da Paglià, pizza e fichi. È uno di quei posti speciali in cui la nostra famiglia si riunisce per occasioni altrettanto speciali. Sappiate però – e questa guida, in tal senso, vi salverà la vita (se la leggerete attentamente!), perché vi eviterò viaggi a vuoto – che se volete venire a mangiare qui, la prima cosa da fare sarà prenotare con un po' di anticipo.

Eh, ragazzi miei, la qualità si distingue anche dal fatto che tutti, ma proprio tutti, vogliono gustarsela. E qui, di qualità, ce n'è parecchia, a partire proprio dalla pizza, che può essere fritta, quadrata o tonda: la parola d'ordine è «leggerezza», perché l'impasto è a lunga lievitazione (anche per questo si digerisce meglio, e diciamolo: da una certa età in avanti, non è un dettaglio trascurabile) e i prodotti primari provengono tutti dalle eccellenze del territorio nostrano.

Cito soltanto qualche delizia, giusto per farvi salire la voglia: la pizza fritta crudo e fichi, poi quella ripiena di in-

salata russa, e poi quella con la crema di ceci al rosmarino e mozzarelle scottate. E se invece volete una cosa diversa dalla pizza, beh, perché non buttarvi su un hamburger di carne puramente marchigiana? Io però, che sono anche una ghiottona e amo molto i dolci, non posso privarmi del magico maritozzo con gelato all'Anisetta. Uno spet-ta-co-lo (ecco, lo sapevo, mi è venuta di nuovo fame, mannaggia a 'sta guida).

che si trova all'interno del Palazzo De Castellotti-Pignatelli (di epoca ottocentesca): quello che è di fatto un vero tributo alla tradizione artigianale locale del merletto a tombolo, diventa per i turisti un'attrazione unica nel suo genere, perché quest'arte assolutamente umile si è trasformata con il tempo in un'eccellenza dell'ascolano. Pezzo forte della collezione è – lo so, salterete sulla sedia! – l'abito indossato da Naomi Campbell in occasione di una sfilata a Londra nel 1997.

Ovviamente, a dominare su tutta la cittadina c'è la bellissima piazza del Popolo, di forma triangolare, dove troverete sia il Palazzo comunale che la Collegiata di Santa Maria Assunta con la sua pluralità di stili, dal barocco al greco al romanico. E se vogliamo restare nell'ambito del barocco, come ultima chicca non posso non consigliarvi una visita al Teatro Serpente Aureo, costruito per l'appunto seguendo lo stile barocco boccascena nel 1820.

Alla fine del vostro giro, comunque, non dimenticate di passare dal famoso Walter della cantina Ciù Ciù

Centimetro zero
a Pagliare del Tronto

Ho sentito parlare di questo ristorante, sempre in zona Pagliare del Tronto, per puro caso e così, incuriosita, un sabato all'ora di pranzo sono andata insieme a mia suocera Tania e a mia cognata Cristina. Non so descrivervi la dolcezza, la gentilezza, la cortesia così genuina e spontanea che ho trovato qui dentro, se non dicendovi che sono stata accolta dalla bontà in persona: Centimetro zero non è solo un posto bello e colorato, in cui la gioia di vivere sprizza da ogni sedia, da ogni tavolo – oltretutto, lo sapete che i mobili che trovate qui dentro sono tutti «recuperati»? Si tratta per lo più di donazioni restaurate, sistemate e modificate dal personale stesso! –, dalle pareti rosse, gialle, piene di fiori, ma è soprattutto un luogo magico in cui la parola «qualità» va a braccetto con un'offerta economica di cui rimarrete stupiti. Qual è, però, il plus di Centimetro zero? Si tratta di una cooperativa sociale che a partire dal 2015 si prende cura di persone affette da disabilità intellettiva, inserendole nel mondo del lavoro. Già questo basterebbe a spingervi a venire qui, ma non è tutto, perché Emidio Mandozzi e Roberta D'Emidio, creatori a tutti gli effetti della locanda Centimetro zero (l'ispirazione, dicono, è venuta da una realtà simile scovata nel Nord dell'Europa), hanno assunto ventiquattro ragazzi dai 18 anni in su, formandoli di fatto sia alla cucina che alla sala. Con un po' di commozione, vi dico che non bastano le parole per descrivere la dolcezza con cui questi giovani talenti ci hanno accolto: il loro entusiasmo, la loro voglia di vivere e di mettersi in gioco mi hanno scaldato il cuore. Ma loro sono anche dei piccoli grandi artisti! Perché hanno contribuito attivamente a rendere la locanda un luogo incantevole, tanto che se doveste innamorarvi di un complemento di arredo come per esempio le sedie in legno dipinto, o le fantasiose lampade sospese, potrete farvelo mettere in conto e portarlo a casa! Lo trovo davvero geniale. Un consiglio su cosa ordinare? Di sicuro i ravioli ripieni di ricotta e spinaci, con limone e pistacchio, mentre se volete azzardare un po', vi consiglio le tagliatelle con porcini e liquirizia. Una bontà!

(fondata nel 1970 dalla famiglia Bartolomei) – o di fare un salto nel suo locale in centro storico – e dite che avete letto il libro. Vi spetterà di diritto un bello sconticino!

Amandola, ricordi di famiglia e non solo

La vita quotidiana di un personaggio pubblico, specie se televisivo e social, è fatta anche di cose come questa: da una parte, quando ti incrociano per strada, tutti pensano di conoscerti e di averti già incontrato, come se sapessero realmente ciò che fai e chi sei; dall'altro, anche il personaggio pubblico, in qualche misura, crede... di conoscere davvero quelle persone e di averle già incontrate! Lo schermo della tv e soprattutto del cellulare, sebbene per vie superficiali, ci mette in comunicazione con persone che altrimenti non avremmo mai incrociato, e allora quella sensazione di «contatto pregresso» nasce da ambo le parti.

Certo che se poi passeggi per i vicoli di un paese piuttosto piccolo, dove più della metà degli abitanti è legata a un vincolo di parentela (e questo è il caso di mio marito!), tutto si complica ancora di più.

È un conoscente... Un amico di mio marito... Un possibilissimo parente, o solo qualcuno che ha il piacere di salutarmi? Lo penso tutte le volte che vengo in quel di Amandola, un bellissimo paese ai piedi dell'Appennino in cui ho accumulato una non indifferente quantità di figuracce. Ragazzi, è il bello di essere Natasha, che vi devo dire?

Amandola, per la nostra famiglia e soprattutto per Luca, è un luogo di appartenenza nel vero senso della parola. Qui, il nonno materno di mio marito era chiamato «*lu capu*» (il capo), poiché, moltissimi anni or sono, svolgeva il ruolo di direttore delle Poste. Precisiamo: all'epoca, gli uffici postali, specie in luoghi così piccoli (Amandola conta oggi 3401 abitanti), venivano dati in gestione ai direttori, ed è per questo che il nonno rivestiva un ruolo piuttosto significativo in quel contesto.

Il nonno paterno di Luca, invece, era nientemeno che «*lu sinnacu*» (il sindaco) del paese: Rodolfo Sabbioni detto «Fofo», quattro mandati consecutivi e venti anni di amministrazione comunale nel curriculum. Insomma, non si può dire che mio marito non abbia alle spalle una storia famigliare di uomini di bella carriera, tanto che a Rodolfo Sabbioni, nel centro di Amandola, hanno intitolato una piazza.

Okay, diciamo una piazzetta.

Va bene, va bene, uno spiazzo. Ma con la promessa che prima o poi arrivi una dedica più sostanziosa… Incrociamo le dita, io resto fiduciosa.

Sono sicura che Amandola non è uno di quei paesi che in moltissimi conoscono, ma mio marito ci ha trascorso gli anni più belli della sua infanzia, assieme a nonni, zii, cugini, cugini dei cugini, pronipoti degli zii, suoceri dei cognati delle prozie, cugine di quarto grado della bisnonna della nonna della madre, gatti del nonno e gatti della suocera del cognato di non so più chi… Insomma, tutti.

Le fregnacce

Qui nelle Marche, le «fregnacce» le diciamo tutti almeno una volta al giorno, perché la traduzione dal dialetto è «sciocchezza, frottola», insomma, una cosa, spesso anche simpatica, non vera. Proprio una fregnaccia. Ma in cucina e in particolare ad Amandola, le fregnacce si mangiano, e sono anche uno dei miei piatti (di origini umili) preferiti.
La forma vi ricorderà un po' quella dei cannelloni – che mangiamo in accoppiata con i vincisgrassi di cui vi ho parlato qualche pagina fa, all'inizio del capitolo – ma il ripieno è differente; intanto, nella ricetta tradizionale, il condimento della sfoglia prevede abbondante pecorino grattugiato, ma al Rifugio Garulla potete trovarle in due modi diversi: quelle rosse, disponibili tutto l'anno, condite con un ragù tradizionale di carne marchigiana, parmigiano e pepe; e poi quelle al tartufo, disponibili da giugno a marzo, in cui il pecorino non è previsto perché la sfoglia viene condita soltanto con parmigiano, olio e ovviamente tartufo nero (freschissimo) dei Monti Sibillini. Vi confesso, comunque, che tra le mie fregnacce preferite – oltre a quelle che mi racconta Luca, ovviamente – ci sono le «cacio e pepe»: chiedetele al proprietario Edgardo e dite che ve le ho suggerite io, sono una bontà!

Tra primo, secondo e terzo grado – non di giudizio ma di parentela, eh – quando mi chiamano a presentare un qualunque evento, la piazza si riempie in men che non si dica. Sold out assicurato. Come si dice? «Ma non saranno tutti parenti?» In questo caso: sì.

A parte questo, però, confesso che qui ad Amandola anche io ho una bellissima casa in pieno centro storico, ristrutturata con tanto amore e sempre pronta ad accogliermi. Sì, proprio io, Natasha Stefanenko. Certo, mio marito Luca non è molto d'accordo, perché in realtà questa casa l'ha ereditata lui dai nonni paterni, ma che posso farci se tutte le guide turistiche, a un certo punto del loro giro, si fermano lì di fronte e dicono ai visitatori: «E questa, invece, è la casa di Natasha Stefanenko»? Che colpa ne ho? Se vengo acclamata a furor di popolo, vuol dire che la casa è proprio mia… Chissà, forse un giorno mio marito si metterà l'anima in pace, ma non credo che quel giorno sia oggi.

Amandola è un posto sorprendente, uno di quelli che non ti aspetti, perché sorge in un contesto naturale invidiabile – tra il verde brillante dei boschi e le rive del fiume. Viene chiamata anche la «Regina dei Sibillini» perché si trova proprio lì in mezzo, nel cuore del Parco Nazionale dei Monti Sibillini, e domina in qualche modo la valle del Tenna.

Tutt'intorno, un rassicurante, avvolgente e vi direi addirittura «morbido» profilo delle colline marchigiane che, non ve lo ripeterò mai abbastanza, ma per quanto appaiono sinuose sembra quasi di poterle toccare, immergendoci le mani fino ai polsi.

Il centro storico è conservato come una bomboniera

e vi si accede – ormai l'avete capito, per le città d'epoca medievale è sempre così – dalla gotica Porta San Giacomo. Di qui, arriverete facilmente in piazza Risorgimento, che di sera, illuminata dalla luce dei lampioni ottocenteschi, è ancora più romantica, soprattutto quando è coperta da un sottile strato di nebbia invernale e non c'è più nessuno per strada. Vi sembrerà di essere in un libro o in un film d'autore in bianco e nero.

Di qui, non potete non notare la scalinata che vi condurrà alla Chiesa di Sant'Agostino, la quale vanta un campanile risalente nientemeno che al 1468. Ma a voler essere precisi, qui c'è anche quello che nel tempo è diventato il Santuario del Beato Antonio (ossia il Priore Antonio Migliorati, che ampliò l'insediamento dell'Ordine agostiniano risalente al 1301).

L'unione, per così dire, avvenne grazie all'architetto Maggi, che ridisegnò la facciata in cui oggi trovate, inglobato, un sontuoso portale quattrocentesco in stile gotico e decorazioni di tipo veneziano.

A proposito del Beato Antonio Migliorati, Amandola lo festeggia ogni anno con una grande festa patronale alla fine di agosto, davvero molto sentita da tutti (come accade, dopotutto, anche a Sant'Elpidio, che festeggia il patrono il 2 di settembre).

Dalla piazza, possiamo poi proseguire nella parte alta della cittadina, salendo per i vicoli caratteristici e dal sapore medievale, antico ma mai davvero «passato». Fidatevi, anche se Amandola, così come moltissime altre località marchigiane, è fatta di un saliscendi che può

Le coppe maritate

Anche questa è una specialità tipica di Amandola, anche se ormai la tradizione si è diffusa un po' in tutto il territorio marchigiano. Sono delle semplicissime fette di pane raffermo, che anziché essere buttate vengono passate nell'uovo e poi fritte. Si possono mangiare calde o fredde, e anche accompagnate da salumi (secondo me, una bella fetta di ciauscolo male non ci sta) e formaggi. Vi dirò di più: è una ricetta talmente famosa che… la facciamo anche in Russia! Ricordo spesso mia madre che per merenda mi preparava queste fette di pane ripassate nell'uovo e bagnate con il latte (va benissimo anche quello senza lattosio, per chi come me è intollerante) prima di essere fritte. Un cibo semplicissimo ma davvero gustoso, che sa di casa.

apparire faticoso ai meno allenati, la ricompensa finale è molto gratificante. Arriverete nella cosiddetta piazza Alta, ossia piazza Umberto I – che è anche l'originaria piazza della città nella sua versione antica – e ad attendervi ci sarà un belvedere che vi lascerà senza parole: la vista sul Parco dei Sibillini è praticamente a trecentosessanta gradi. Sembra una cartolina!

Nella piazza ci sono anche il Torrione del Podestà e il Teatro La Fenice (non ancora accessibile e tutt'ora in

La Gorbe e l'Ua

Se avete voglia di mangiare cucina casereccia, accolti da un personale alla mano, che vi farà sentire subito a casa, segnatevi il ristorante La Gorbe e l'Ua, ad Amandola (letteralmente: «La Volpe e l'Uva»). Qui la proposta dei piatti della tradizione contadina si concentra soprattutto sulla selezione degli ingredienti, rigorosamente provenienti da aziende del territorio. Tra le specialità del menù spiccano sicuramente le cucciole in umido (lumache di montagna) e la polenta con la classica farina di mais ma più… «lenta», perché rispetto alle altre è particolarmente cremosa, condita con funghi, tartufo nero e salsiccia (ho già l'acquolina). I miei amati suoceri, Tania e Raffaele, avevano sempre il grande piacere di offrirci un pranzetto in questo ristorante, che per noi oggi rappresenta un pezzetto di casa: noi «fantastici quattro», col nostro tavolo fisso, in fondo alla sala… Ricordi meravigliosi! Se andate, non chiedete solo di me ma dite che vi mandano anche Luca, Tania e Raffaele.

via di ristrutturazione dopo i danni subiti dal terremoto del 2016), ma non potete dimenticare di fare una visita al Museo del Paesaggio, sempre in centro storico. Unico nel suo genere, questo museo si trova innanzitutto nei locali della ex chiesa la Collegiata, e qui si respira davvero il legame tra la città e il territorio che la circonda, anzi, di più, è una testimonianza tangibile di quanto il territorio stesso sia parte del vissuto e del sentimento di chi ci abita.

Tanti sono gli oggetti, i pannelli e ovviamente anche le immagini che aiutano i visitatori a scoprire il paesaggio dei Monti Sibillini e di una civiltà montana che è cambiata nel tempo anche con l'aiuto della mano dell'uomo.

La storia vuole che proprio qui, esattamente come è accaduto a Lourdes con Bernadette, la Madonna sia apparsa a una giovane pastorella di nome Santina, sordomuta fin dalla nascita.

Dopo aver compiuto questo giro, però, una cosa è certa: sarete un po' più stanchi ma anche molto soddisfatti, e soprattutto vi sarà venuta una gran fame. Anche ad Amandola il buon cibo non si fa attendere, e appena lo chiami lui accorre. Il suggerimento spassionato che vi diamo io e Luca è quello di spostarvi nella vicinissima località di nome Garulla, a quindici minuti di macchina dal centro.

Qui c'è un posto in cui potrete godere – questa volta con tutta calma e in relax! – dello spirito della montagna marchigiana, anche perché ci troviamo proprio in una delle famose tappe del Grande Anello dei Sibillini. Il Rifugio Garulla vi offre l'opportunità non solo di mangiare ma anche di pernottare (con opzione multipla: dalla classica sistemazione in camera al posto tenda, dove penso che mio marito abbia desiderato più volte lasciarmi!), e parlando di cucina tipica, beh, arriviamo a un livello davvero molto alto: difficilmente vi dimenticherete del «menù della Sibilla», con prodotti locali, sfoglia di pasta all'uovo realizzata artigianalmente, le famose «fregnacce», le tipiche «coppe maritate» e gli immancabili tartufi dei Monti Sibillini.

Qui i tartufi non sono soltanto dei prodotti pregiati, ma vengono addirittura chiamati «diamanti», tanto che ogni anno, da ormai ventisette anni, piazza Risorgimento accoglie nel mese di novembre uno dei festival gastronomici più attesi di questa zona: «Diamanti a tavola», in cui il grande protagonista è, neanche a dirlo, il tartufo.

B&B Terra di Marca **a Montefortino**

Sempre in zona sibillina, non posso esimermi dal segnalarvi un B&B davvero incantevole nel borgo di Montefortino, che si trova proprio alle pendici dei Sibillini. Terra di Marca è una costruzione recentemente ristrutturata secondo le caratteristiche tipiche delle abitazioni medievali, per riprodurre fedelmente non solo un'atmosfera ma proprio un'esperienza. Il B&B lo troverete a pochi passi da piazza Umberto I, da cui potrete ammirare anche lo splendido scenario dei Monti Azzurri (dal Monte Vettore al Monte Sibilla, dal Pizzo della Regina fino al Monte Amandola).

Se poi capitate da queste parti in estate, non potete perdervi un assaggio delle bruschette al tartufo estivo ma anche di uova e guanciale, sempre al tartufo estivo.

Dopo aver concluso il nostro giretto in quel di Amandola, magari dopo aver gustato un bel pranzetto, vi consiglio di proseguire verso il bellissimo borgo di Montefortino, per poi arrivare al Santuario della Madonna dell'Ambro (che prende il nome dal vicino torrente Ambro), considerata la «piccola Lourdes dei Sibillini». Ricordate che anche di Loreto vi ho detto che è soprannominata la Lourdes italiana?

Amandola
e-bike

Non vi bastano i chilometri percorsi a piedi? Volete spingervi oltre e intraprendere un'avventura diversa? Allora avete trovato il posto giusto. Ad Amandola potete noleggiare delle e-bike per scoprire i luoghi più belli del Parco dei Sibillini: Amandola e-bike nasce per rendere accessibili a tutti i sentieri di montagna con le bicilette elettriche, la pedalata assistita vi aiuterà a percorrere distanze anche notevoli ammortizzando di molto la fatica e godendovi così lo spettacolo e il «viaggio» in questo mondo magico!

Bene, non a caso il santuario mariano di Montefortino è il secondo santuario più importante della regione proprio dopo quello di Loreto.

Si respira un'aria altamente suggestiva, anche per via della collocazione del santuario che si trova in una grande gola nel cuore dei Sibillini: questo scenario silenzioso, in cui la maestosità del bosco si confonde con la durezza delle pareti rocciose, accompagna ogni anno migliaia di pellegrini nel loro percorso di preghiera. La storia vuole che proprio qui, esattamente come è accaduto a Lourdes con Bernadette, la Madonna sia apparsa a una giovane pastorella di nome Santina, sordomuta fin dalla nascita.

La bambina, che ogni giorno conduceva il gregge al pascolo e portava dei fiori in dono alla Madonna pregando di fronte alla sua immagine, nel mese di maggio dell'anno Mille, vide la Vergine apparirle davanti, circondata da una fortissima luce. Fu così che Santina, si dice, ebbe dalla Madonna il dono della parola.

Se deciderete di visitare questa splendida chiesa (dove i miei suoceri si sposarono nel lontano 1964!), con i suoi interni ricchi e carichi di bellezza, credetemi, non potrete fare a meno di essere avvolti da un diffuso senso di pace.

Un salto a Montemonaco, tra Gole dell'Infernaccio, Lago di Pilato e il ristorante Il Tiglio

È vero che stiamo per spostarci in provincia di Ascoli Piceno mentre Amandola è in provincia di Fermo, ma questo è un itinerario del cuore, e noi – io e Luca – vogliamo prendervi per mano e accompagnarvi nel nostro personalissimo cammino da un luogo del cuore (e dello stomaco) all'altro, in base al tragitto che percorriamo di solito (prima però vi facciamo salire in macchina, altrimenti sarà molto difficile portare a termine l'impresa).

Quindi, partendo da Amandola, in circa venti minuti di macchina, vi ritroverete in uno dei tanti luoghi fiabeschi delle Marche ma che acquisisce maggior fascino se venite in autunno, quando i colori caldi delle foglie rendono l'atmosfera più cozy, o in inverno, magari con la neve. Montemonaco, questo è il nome del paese, conta soltanto 521 abitanti, ed è uno di quei borghi in cui il panorama comanda su tutto il resto, perfino sulla Rocca (piccolina ma graziosa). Senza ombra di dubbio, se dovessi consigliarvi un'escursione da fare in questa zona, vi consiglierei il Lago di Pilato (sul Monte Vettore). Questo è l'unico lago naturale delle Marche e, per la sua forma insolita, viene chiamato anche «lago con gli occhiali», un posticino davvero incantevole in cui potrete rilassarvi ammirando l'acqua cristallina, con tutte le sue sfumature di blu e azzurro.

Ma arriviamo a quello che più amiamo fare – parlo soprattutto di me: mangiare! Se venite a Montemonaco, zona Isola di San Biagio, non potete assolutamente perdervi questa chicca: Il Tiglio.

Il Lago di Pilato è l'unico lago naturale delle Marche e, per la sua forma insolita, viene chiamato anche «lago con gli occhiali».

Lo so, qualcuno potrebbe averne già sentito parlare – dopotutto, è nella guida Michelin! – e soprattutto potrebbe già sapere che le prenotazioni si prendono – udite, udite – anno per anno. Infatti, erano almeno due anni che Luca cercava invano di prenotare in questo ristorante di cui avevamo tanto sentito parlare. Anche perché, diciamolo: più le cose si fanno difficili, più abbiamo voglia di raggiungerle. Nel 2018, però, finalmente ebbi l'illuminazione e una domenica decisi di giocarmi l'ultima carta, quella del: «Sono Natasha Stefanenko, non è che avreste un tavolo per quattro, oggi a pranzo?». Avevo chiamato alle undici del mattino, un'impresa più che improbabile, direi impossibile. Con grande sorpresa, però, dall'altra parte mi hanno risposto: «Certo, con piacere».

Non potevo crederci. Dopo due anni di tentativi, alla prima telefonata – che feci direttamente io, hai solo da imparare, carissimo Luca – trovai posto. Partimmo subito, era già mezzogiorno e sapevamo che, da casa nostra, sarebbe occorsa più di un'ora per raggiungerlo: Sant'Elpidio, poi Amandola e, cinque chilometri prima dell'Infernaccio, ecco il bivio per raggiungere Isola di San Biagio. La strada era in salita e iniziava a nevicare. Da pochi fiocchi a una fitta nevicata, il passo fu breve. E alla fine: bufera! Allarmati, avevamo deciso di chiamare il ristorante, anche perché non ci era chiaro dove si trovasse di preciso. Risposero che sì, in effetti lì c'era un metro di neve e che se avessimo avuto problemi ci sarebbero venuti incontro con una jeep.

Ah... ecco. In quel momento mi fu chiaro il perché fossi stata così tanto fortunata a trovare un tavolo! Altro che «sono Natasha Stefanenko». Un metro di neve.

Pian piano arrivammo a destinazione. Eh, sì, ma dove esattamente? Sei case di campagna in mezzo al nulla, ricoperte di neve e immerse in una atmosfera un po' fiabesca un po' assurda, a dire il vero, di certo fuori dal tempo. Un paesaggio alpino, più che appenninico. Ma il ristorante? Dov'era? Una casa che esternamente sembrava abbandonata, più che abitata, con una piccola, anonima porta, e una targhetta con su scritto «Il Tiglio». Ci guardammo tutti e quattro per poi domandarci: «Ma dove siamo finiti?». Subito dopo, però, qualcosa di inaspettato: ad aprirci fu Gianluigi, un signore molto distinto che indossava perfino il papillon!

All'interno, trovammo un vero e proprio ristorante di lusso, sobrio ma anche molto ricco nella sua eleganza. La musica classica in sottofondo e i camerieri con tanto di guanti bianchi contribuivano a creare un clima anco-

ra più suggestivo. Per non parlare del menù: una gran quantità di piatti con ingredienti a chilometro zero e una combinazione di materie prime davvero degne di lode.

Questo ristorante, all'epoca, non era ancora stellato (lo divenne a partire dal 2022) ma la strada verso la prima stella Michelin era già segnata. Fu una domenica indimenticabile. Finimmo di pranzare alle diciassette e vi confesso che tornare indietro con tutta quella neve non fu per niente facile, ma ne valse davvero la pena. Consigliatissimo, ovviamente se trovate posto...

Chiedete pure di Enrico, chef ormai molto noto, nonché persona squisita, che vi saprà accogliere e deliziare come solo lui riesce. Ditegli pure che siete lì perché avete seguito la mia «dritta», ma non sperate di prenotare spendendo il mio nome. Il posto lo troverete solo se c'è un metro di neve. Stavo quasi per dimenticare un particolare importantissimo di questa zona (e dire che l'ho messo anche nel titolo): le Gole dell'Infernaccio!

La Gola dell'Infernaccio dà accesso a più d'un percorso turistico e soprattutto escursionistico, ovvero la Cascata nascosta, la Sorgente del fiume e l'Eremo di San Leonardo.

Ma perché si chiamano così, e cosa sono di preciso? Esattamente delle cavità, delle gole per l'appunto (sì, fa senso anche a me quando ci penso...), naturali scavate dal fiume Tenna, sui Monti Sibillini, e sono fra le più suggestive di tutto l'Appennino umbro-marchigiano. Si trovano nella zona di Montefortino, a un quarto d'ora di macchina dal ristorante Il Tiglio (vi consiglio di fare prima l'experience e poi di mangiare, l'operazione inversa è sconsigliata).

La Gola dell'Infernaccio dà poi accesso a più d'un percorso turistico e soprattutto escursionistico, ovvero la Cascata nascosta, la Sorgente del fiume e l'Eremo di San Leonardo. Come arrivarci? Facilissimo: vi basterà parcheggiare a Rubbiano (d'estate trovare un posto auto non è la cosa più scontata del mondo, tenetelo presente), un paese vicino a Montefortino e nemmeno distante da Montemonaco; da qui, proseguite, ovviamente a piedi, sempre dritti, accedendo a una stradina ghiaiata lunga circa un chilometro o poco meno. La prima cosa che vi troverete ad ammirare saranno le Pisciarelle (vi vedo che state ridendo), cascatelle a goccia che fungono proprio da ingresso alle Gole dell'Infernaccio.

Da qui in avanti... beh, è tutta una scoperta: non solo sentieri alla Indiana Jones, non temete, ci sono anche comode stradine e camminamenti più lineari di quelli che troverete all'inizio della vostra avventura, ma vi dico già che nella seconda parte del percorso vi addentrerete in una splendida faggeta con tanto di ruscello in sottofondo. Quando abbiamo compiuto questo itinerario assieme ai miei genitori li ho visti proprio cambiare espressione: erano davvero stupiti di fronte a tanta bellezza, quasi a bocca aperta, affascinati da questo posto surreale e senza dubbio avvolgente, che suscita anche un po' di quel sacro timore che proviamo tutti di fronte a qualcosa di sensazionale.

Non mi resta che augurarvi buon divertimento e... attenti a non scivolare!

Tolentino e i castelli marchigiani

Prima o dopo saremmo dovuti arrivarci, a questo momento. Quello dei castelli marchigiani. Ebbene sì, qui ce ne sono diversi – anche se va ricordato che, in generale, l'Italia è un Paese ricco di strutture che letteralmente si muovono al ritmo della storia antica, medievale e risorgimentale, incarnandone quasi il respiro. Alcuni dei castelli marchigiani versano in stato di semi abbandono, ed è un gran peccato, ma molti altri portano intatta la memoria delle Marche rinascimentali, quelle che all'inizio si servivano di queste costruzioni soprattutto a scopo difensivo e poi le hanno trasformate in residenze nobiliari arricchite da giardini in cui, personalmente, avrei trascorso l'intera primavera e anche l'estate, magari distesa all'ombra di qualche pianta secolare. Certo, una piscina non ci sarebbe stata male ma… non è che si può avere tutto, no?

Autentici gioielli non solo da scoprire in qualche gita fuori porta alla domenica pomeriggio ma da… vivere. Nostra figlia Sasha, infatti, faceva sempre la punta al principe che secondo lei avrebbe dovuto soggiornare al Castello della Rancia di Tolentino. Secondo me, aveva le idee ben chiare già a quattro anni. Chiamala tonta.

Dovete sapere che il Castello della Rancia (oggi temporaneamente chiuso perché in fase di ristrutturazione) è uno dei più maestosi delle Marche, e si erge fiero e ben visibile ancora prima di arrivare nei pressi del borgo. A dirla tutta, potete riconoscerlo perfino dalla strada statale, spavaldo com'è (e ha ragione) con la sua cinta merlata – classica di tutti i castelli che avete visto anche nei cartoni animati – rafforzata ai lati da due torri a pianta quadrata.

Provate a chiudere gli occhi e a immaginarlo (lo so che state cercando le foto su Google, per questa volta vi perdono): siete già in una fiaba Disney, vero? Ecco, anche Sasha, da piccola, si calava subito in quel mood, non a caso tutte le volte che ci fermavamo nei pressi del castello la domanda era sempre la stessa: «Dove sta il principe? A casa sua?».

Sasha, bella di mamma, alla faccia della «casa».

«Proviamo a chiamarlo» le diceva suo padre fingendo di comporre un numero di telefono. Sasha lo guardava e poi fissava l'entrata. Fosse mai che a una certa sarebbe spuntato un bel biondo con un vestito celeste e un iPhone in mano?

«Niente da fare, non risponde» continuava Luca «proviamo a citofonare.» E visto che anche al citofono non accorreva nessuno – ammazza che maleducati 'sti principi – allora subentravo io a dirle che era uscito proprio un attimo prima che arrivassimo noi.

Figlia mia, il tempismo nella vita è tutto, lo sa bene Cenerentola che con una scarpetta ha cambiato vita da zero a cento. Ma quella è un'altra storia, di sicuro non la tua o la nostra.

Nonostante il fatto che di questo principe non ci fosse nemmeno l'ombra, noi il castello l'abbiamo visitato più volte – e sono certa che Sasha non l'abbia mai fatto del tutto disinteressata.

Il castello, anzitempo, era circondato da un fossato su cui calava il classico ponte levatoio, che poi è stato sostituito da un ponte in muratura, pure lui in perfetto stile fiaba. I piani interni sono quattro e posso dirvi subito che è il secondo quello più importante, perché qui alloggiava il «granciaro». Di parole difficili, soprattutto dialettali, ne ho sentite tante da quando vivo nelle Marche ma ammetto che per arrivare a capire cosa fosse, o meglio chi fosse, il «granciaro» ci ho messo un bel po'. Si trattava in sostanza del padrone, del «proprietario», e il nome deriva dal termine «grancia» (dal francese «grange», ossia granaio; di qui la storpiatura e l'attuale nome «Rancia»), una fattoria-granaio fortificata che nel XII secolo… era il vecchio castello. Avete capito bene, il castello, prima di essere tale, non era altro che un granaio, e sorgeva in questo luogo dipendente dall'Abbadia di Fiastra. La trasformazione della struttura avvenne non prima del 1353 per volere dei Signori di Camerino, i Da Varano, anche se le varie proprietà si susseguirono fino ad arrivare, oggi, a quella del Comune di Tolentino.

Secondo una versione della storia non ufficiale, al centro del cortile ci sarebbe una cisterna in cui si dice che vennero seppelliti i tanti morti caduti nella Battaglia di Tolentino del 1815, la «Battaglia della Rancia.

Un dettaglio curioso: dal cortile potrete accedere a una specie di cappella barocca, eretta dai Gesuiti, ma c'è di più, perché secondo una versione della storia non ufficiale, al centro del cortile ci sarebbe una cisterna in cui si dice che vennero seppelliti i tanti morti caduti nella Battaglia di Tolentino del 1815, la «Battaglia della Rancia» – alcuni storici la considerano addirittura il primo scontro per ottenere l'indipendenza italiana. Fermatevi un momento insieme a me: caspita, ma quanta Storia, antica e moderna, respiriamo ogni giorno in ogni parte d'Italia, Marche comprese? È vero che ci abituiamo così tanto alla bellezza che ci circonda, da non avere più contezza di quello che possediamo, ma se ogni tanto ci prendessimo anche solo pochi minuti al giorno per guardarci intorno e ricalibrare mente e cuore? Le Marche, con i silenzi profondi e autentici della natura, ci aiutano sicuramente in questa operazione tutt'altro che scontata.

UN CONSIGLIO SU DOVE DORMIRE: INTERNO MARCHE

Nel 2024 – precisamente il 20 giugno 2024 – ho avuto l'onore di essere la madrina di uno degli alberghi più particolari delle Marche, un design experience hotel che si trova a Tolentino e che si chiama Interno Marche. Ricordo che la cerimonia di apertura si tenne nel bellissimo Teatro Politeama, assieme a Franco Moschini, patron del Gruppo Poltrona Frau e maceratese DOC. Eh sì, perché questo hotel vuole raccontare sessant'anni di design italiano, diventando una specie di casa-hotel-museo dedicata proprio all'interior design. Come avrete intuito, questo è molto più di un hotel, è un vero e proprio progetto culturale. La location? Nientemeno che Villa Gabrielli, una stupenda struttura tardo liberty che prima è stata sede della pelletteria Gabrielli e poi quella di Poltrona Frau, e ora è un hotel (eh, chiamalo solo hotel...) con venticinque camere e cinque suite. In una di queste ho potuto dormire anche io, godendo di una notte di pace e comfort in un bellissimo letto rotondo (quello di Massoni), sotto un soffitto affrescato.

LE MARCHE
e i suoi castelli

Castello di Gradara: *il borgo di Gradara si trova a pochissimi chilometri dalla riviera romagnola, siamo quindi nella parte Nord delle Marche. Vi dicono qualcosa Paolo e Francesca, quelli dell'*Inferno *di Dante, per intenderci? Bene, è proprio in questo luogo che si è consumata la loro tragica e appassionata storia d'amore (per chi non ricordasse: i due amanti sono stati assassinati dal marito di Francesca nonché fratello di Paolo, Gianciotto Malatesta, dopo che ovviamente... beh, vennero colti sul fatto). Il castello si è arricchito, nel tempo, delle modifiche a opera dei diversi proprietari, a partire dai Malatesta fino ad arrivare ai Della Rovere, che hanno portato qui dentro moltissima arte e opere stupefacenti, regalandosi e regalandoci delle sale indimenticabili. Potrete visitare, oggi, ben quattordici stanze tutte arredate con mobili antichi e opere di valore inestimabile. Non solo, c'è anche una chicca un po' lugubre ma comunque imperdibile: la camera di Francesca che conserva ancora la botola da cui tentò la fuga col suo Paolo.*

Un suggerimento: con Luca, siamo andati al castello sia in estate che in inverno, e io, in particolare, ho avuto occasione di tornarci lo scorso febbraio per le riprese del film a cui ho preso parte – s'intitola A se stesso, *per la regia di Ekaterina Khudenkikh (prodotto dall'Elite Group International di Antonucci, con il contributo della Film Commission Regio-*

ne Marche); chissà se uscirà prima questo libro o il film? Vedremo. Nonostante la bella stagione sembri indubbiamente più allettante, non dimenticate che potreste trovarvi di fronte a una fila piuttosto lunga per entrare, e tenete anche in considerazione il fascino invernale, che rende luoghi come questi ancora più emozionanti.

Rocca Ubaldinesca: *si trova nel borgo di Sassocorvaro Auditore, in provincia di Pesaro-Urbino, ancora Marche Nord. Questa rocca risale al periodo rinascimentale e si trova proprio al centro del borgo, sopra la valle del fiume Foglia. Perché si chiama così? Perché appartenne a Ottaviano degli Ubaldini, il fratello del duca Federico da Montefeltro. Si dice anche che durante il Secondo conflitto mondiale in questa fortezza vennero custoditi e protetti numerosissimi capolavori d'arte. L'Operazione Salvataggio salvò oltre diecimila opere in tutto, provenienti da varie parti d'Italia, tra cui quelle di Piero della Francesca, di Giorgione, di Tiziano e di Lorenzo Lotto. Anche in questo caso, abbiamo una chicca che va menzionata: la rocca sembra assumere una forma zoomorfa, assomiglia infatti a una tartaruga e proprio in virtù di questa sua «personalità» altamente simbolica e quasi misteriosa, all'interno potrete trovare una vasta biblioteca di testi esoterici e un laboratorio di alchimia. Sembra una puntata de* Le marche stregate *vero?*

Rocca Roveresca: *persistiamo nella zona della provincia di Pesaro-Urbino (che come avrete capito è ricca di testimonianze storiche di grande valore) per arrivare a Mondavio, dove sorge una delle rocche più importanti dal punto di vista militare, costruita su commissione di Giovanni della Rovere* *(per questo si chiama anche Rocca Roveresca). La cosa sorprendente è che a differenza di molte altre, la Rocca di Mondavio è oggi in ottimo stato di conservazione, con le sue lunghe e possenti mura ancora intatte che la rendono simile a una vera e propria macchina da guerra, pensata e strutturata per la difesa con le armi dell'epoca. Da segnalare che Mondavio è stato dichiarato, anche per via della rocca, come uno dei borghi più belli d'Italia.*

Castello Pallotta: *scendiamo ancora un po' più giù, e finiamo in provincia di Macerata, in uno dei luoghi che fa capo alle «Marche zozze» di cui vi parlavo nel primo capitolo. Precisamente in quel di Caldarola, comune di poco più di mille abitanti, che mi stupisce sempre per il suo sapore assolutamente fiabesco, troverete il Castello Pallotta, che ospitò addirittura la regina Cristina di Svezia. Lo menzioniamo anche se in realtà è chiuso per via dei danni subiti nel terremoto del 2016, che come tutti sapete è stato devastante per molte città soprattutto umbre e marchigiane. Ma possiamo comunque dire che questo bellissimo castello, che passò da fortezza militare a dimora estiva dei signori nobiliari, ospita anche una cappella in stile neogotico e mobili d'arte prettamente marchigiana datati fra il Cinquecento e il Settecento, oltre a una camera da letto con un magnifico soffitto a cassettoni dipinti e una biblioteca con – attenzione! – un'edizione della* Divina Commedia *illustrata dal Dorè.*

Castello di Arquata del Tronto: *procediamo verso la parte più bassa delle Marche, quella della provincia di Ascoli Piceno. Qui troverete anzitutto la Rocca (o Castello) di Arquata del Tronto – che porta il nome dell'omonimo borgo in cui* *sorge –, una struttura anch'essa eretta a scopo difensivo e di controllo. Il bello di questo castello è che – lo noterete subito, anche da lontano – svetta in mezzo alla natura e si trova proprio su uno sperone roccioso, attorniato da un parco solcato da viottoli e sentieri, come da manuale fiabesco. È ornato da merli ghibellini e nel tratto di mura sul lato Sud-Est è ancora ben visibile il percorso di ronda. Ma c'è una cosa ancora più curiosa: si dice che venga chiamato anche Castello della Regina Giovanna perché la leggenda vorrebbe che questa regina angioina vi invitasse i pastori locali. Non a prendere il tè e nemmeno a mangiare i vincisgrassi, no. Se però, una volta trascorsa la notte insieme, non ne era sufficientemente soddisfatta, li faceva... appendere ai torrioni della rocca (anche meno, Giovanna, anche meno, dai). Dicono che il suo fantasma si aggiri ancora per il castello (in cerca di cosa non lo vogliamo sapere) ma io non l'ho mai visto. Chissà.*

Fortezza di Acquaviva Picena: *questo complesso – dichiarato monumento nazionale ai primi del Novecento – si trova nell'omonimo paese di Acquaviva, in provincia di Ascoli Piceno. Anche qui, abbiamo una leggenda da raccontare, che vi incuriosirà al di là della sua storia architettonica (più o meno simile alle altre): come si dice? «Non è vero ma ci credo», perciò se mi raccontano che anche in questo castello vaga il fantasma del vecchio Capitano, io dico a chiunque che sì, è così. Si dice sia stato assassinato assieme a tutta la famiglia e agli altri abitanti del castello, probabilmente perché lui stesso fece in modo che il nemico (Giosia Acquaviva) potesse entrare nella rocca. Forse lo sentirete ancora urlare e disperarsi tra i sibili del vento, mentre cerca invano la sua famiglia. Fate una prova e poi ditemi il risultato!*

Prima di proseguire nel nostro percorso, ho ancora qualcosa da dirvi su Tolentino, una cittadina spesso sottovalutata e che invece ha tanto da offrire a chi decide di darle più d'una chance – d'altronde, l'intera regione è caratterizzata da questa sorta di scetticismo del turista ignaro, che pensa che le Marche siano solo Conero e olive fritte. Ma è una storia che conoscete bene, se siete arrivati a leggere fino a questo punto.

Anche qui, chiese e abbazie si sprecano, ma c'è una cosa che non potete farvi sfuggire: la Basilica di San Nicola e il Ponte del Diavolo.

L'interno della basilica è semplicemente spettacolare, parola di Natasha: a partire dal portale in stile neogotico, a opera di Nanni di Bartolo, fino ad arrivare all'interno, in cui, fra le altre bellezze, troverete una prima cappella intitolata alla Madonna dei Miracoli, una seconda dedicata a Santa Rita e una terza alla Beata Vergine della Consolazione (dalla parte sinistra), poi sul lato destro un'altra cappella con Sant'Anna raffigurata dal Guercino, una dedicata al Sacro Cuore e una alla Vergine della Pace. Ma adesso arriva il bello-bello: tenetevi forte perché quando vedrete il cosiddetto Cappellone di San Nicola vi mancherà la parola.

Il ciclo di affreschi trecenteschi che lo avvolge e lo rende così stupefacente è attribuito a Pietro da Rimini, sebbene la tradizione faccia risalire queste opere a un pittore sconosciuto, il «Maestro di Tolentino». Chiunque sia stato, beh, ragazzi. Ha realizzato davvero un capolavoro. Quello affrescato non è un semplice ciclo agiografico ma molto di più, basta osservare le figure che sono alla base del Cappellone e che rappresentano le Virtù (Carità, Prudenza, Speranza, Giustizia, Temperanza, Fede, Fortezza). La prima volta che con Luca siamo entrati in questa basilica, i miei occhi non potevano credere al tripudio di colori e di lucentezza nonostante l'ambiente soffuso e l'atmosfera quasi rarefatta.

Altra chicca appartenente alla Basilica di San Nicola è il chiostro, che fa parte di questo complesso e che potete ammirare dopo aver compiuto il giro all'interno della chiesa e nel Cappellone. Ma a questo punto, una volta usciti del tutto, nell'arco di cinque minuti a piedi (o di un paio con l'auto), dovete assolutamente spingervi fino al Ponte del Diavolo, che risale alla metà del Duecento ed è stato disegnato dal Maestro Bentivegna.

San Nicola gettò un pezzo di formaggio sopra il ponte, così che il cane col quale arrivò al guinzaglio ci si fiondasse per agguantarlo. In quel momento, il Diavolo vide passare qualcuno e lo fece prigioniero, scoprendo soltanto a cose fatte di essere stato ingannato.

Mettetevi comodi perché sto per raccontarvi una nuova bellissima leggenda legata proprio al nome di questo mitico ponte: quando ci arriverete, noterete subito che ha una struttura piuttosto complessa, con cinque arcate in tutto sorrette da piloni molto massicci, una torre-barriera merlata in stile guelfo e una porta ad arco acuto. Insomma, un gran bel lavoro per un ideatore soltanto, no? Si dice infatti che il Maestro Bentivegna, trovandosi in seria difficoltà nel momento della progettazione e non riuscendo a venirne a capo, si rivolse a una specie di maga che gli consigliò un rituale da recitare di fronte alle Fonti di San Giovanni. Fu lì che gli apparve il Diavolo, il quale offrì il proprio aiuto nella costruzione della struttura in cambio dell'anima del primo essere umano che avesse attraversato il ponte. Bentivegna accettò ma se ne pentì subito dopo, cercando di chiedere aiuto a San Nicola per rimediare. Sta di fatto che nel giorno dell'inaugurazione, il ponte venne chiuso, onde evitare spiacevoli inconvenienti, e si dice che proprio San Nicola trovò il giusto escamotage per evitare il sacrificio umano: gettò un pezzo di formaggio sopra il ponte, così che il cane col quale arrivò al guinzaglio ci si fiondasse per agguantarlo. In quel momento, il Diavolo vide passare qualcuno e lo fece prigioniero, scoprendo soltanto a cose fatte di essere stato ingannato (povero cane, però).

Al di là di quanto sia oggettivamente armonioso il ponte, non pensate che sia d'obbligo un passaggio da queste parti anche solo per la leggenda che lo rende famoso? Leggende di cui, peraltro, le Marche sono ricchissime… ma a questo ci arriveremo tra poco, anche se un assaggio l'avete avuto con i fantasmi dei castelli di Acquaviva Picena e Arquata del Tronto. Comunque, non perdiamo il filo e proseguiamo a zonzo per Tolentino.

Cos'altro possiamo vedere? Ovviamente lo storico

Teatro Nicola Vaccaj (intitolato a questo musicista marchigiano dalla fine dell'Ottocento) che è stato recentemente ristrutturato a seguito di un grave incendio che lo colpì nel 2008; troverete poi, centrale più che mai, la Torre dell'Orologio, uno dei grandi simboli della città stessa, che si affaccia proprio su piazza della Libertà e che ha la caratteristica di possedere quattro quadranti, uno dedicato alle fasi lunari, uno che segna l'ora corrente, quella italiana, uno con l'orologio astronomico che segna minuti e ore, e infine l'orologio calendario che segna mesi e giorni della settimana (sotto quest'ultimo quadrante c'è anche una piccola meridiana solare).

Abbazia di **Chiaravalle di Fiastra**

Sono abbastanza certa che la conosciate in tanti, credo anzi sia uno dei luoghi più famosi delle Marche dopo il Conero e Loreto, ma non potevo tralasciarla. Proprio nel territorio di Tolentino e Urbisaglia, si trova la famosa Abbazia di Fiastra, il più importante edificio monastico della regione. Tra i fiumi Chienti e Fiastra, già prima dell'anno Mille, sembrava che sorgesse in questo luogo una chiesetta che poi, col tempo, grazie alla guida dei Monaci Cistercensi (e alla loro osservanza della regola bene-

dettina «Ora et labora»), si è trasformata in un complesso ben più ampio e soprattutto adatto, oggi, ad accogliere numerosissimi visitatori.
È proprio grazie alla presenza e al lavoro quotidiano di questi Monaci – che si sono succeduti a più riprese nell'arco dei secoli, e fino al 2018, anno in cui hanno nuovamente lasciato l'abbazia – se oggi Fiastra è conosciuta in tutta Italia e anche in Europa.
Una volta arrivati in questo luogo, verrete letteralmente catapultati in un altro mondo, come se tutti i borghi cittadini visitati fino a quel momento diventassero solo un lontano ricordo. Ho avuto quest'impressione fin dalla primissima volta che Luca mi ci portò, perché la semplicità, l'umiltà e soprattutto l'autenticità che si respirano danno l'idea di essere in un non-Tempo, perfino fuori dallo Spazio.
Il percorso parte proprio dal chiostro e dalla chiesa abbaziale, per poi proseguire verso le grotte (nelle quali venivano conservati gli alimenti), le cantine (dove trovate oggi il Museo del vino), la sala del capitolo (dove avveniva la lettura della Regola di San Benedetto), il grande magazzino del Monastero, la sala delle oliere e il refettorio dei conversi. Se però chiedete a un qualunque marchigiano quand'è che di solito va all'Abbazia di Fiastra e a fare cosa, vi risponderà: o a Pasquetta, o il 25 aprile o il Primo Maggio, per un picnic nel meraviglioso e gigantesco parco che si trova al di là dell'ala sud del Monastero, dove troverete anche il Palazzo Bandini.
Un consiglio «mangereccio»: vado spesso al ristorante Da Rosa, dove troverete una cucina tipica marchigiana piuttosto ricca, anche quando rivisitata.
E allora, buon divertimento!

Potenza picena e un diciottesimo coi fiocchi!

Quando nostra figlia Sasha stava per compiere diciotto anni, sono stata la prima a ingegnarmi per capire dove avremmo potuto festeggiare: lei desiderava un «posto adatto a una principessa», perciò sono partita da quel desiderio. Volevamo celebrare un traguardo importante dandole tutta l'importanza che meritava e allo stesso tempo avevo escluso – categoricamente! – di cedere casa nostra per trasformarla in una specie di discoteca alle porte del paese (sì, perché nel frattempo, dopo aver vissuto a casa dei genitori di Luca ed esserci poi trasferiti a Civitanova per qualche anno, mio marito e io avevamo progettato e messo a punto quella che oggi è la casa in cui abitiamo, e da cui possiamo godere dell'immensa visuale di cui dicevamo all'inizio del libro, sulle colline e sul mare marchigiano – se aguzzaste bene gli occhi, oltre al Conero, riuscireste a beccare anche la siepe di Leopardi... va bene, la smetto con questa storia. Ma solo per ora).

La preparazione di questa serata è iniziata con diversi mesi di anticipo, anche perché il primo problema era proprio la location. Dapprima avevamo pensato alla Basilica di Santa Croce al Chienti, a Casette d'Ete, ma poi ci è stato consigliato un luogo decisamente più adatto.

Quando sono arrivata a Villa Buonaccorsi per fare un

sopralluogo e rendermi conto degli spazi che avremmo avuto a disposizione, eh… ho invidiato mia figlia. Lo ammetto. Volevo festeggiare anch'io il mio compleanno lì dentro, ma ho anche pensato che in alternativa avrei potuto chiedere a Luca di sposarci in quel luogo da favola una seconda volta... Non l'ho avuta vinta su niente, nel caso ve lo stiate domandando. Primo, perché i miei diciott'anni erano passati da troppo tempo, e secondo, perché anche a me sembra più che sufficiente essermi sposata una sola volta.

Villa Buonaccorsi, immersa nella campagna e nelle colline marchigiane, è una residenza talmente sontuosa che chiunque può sentirsi speciale anche solo per una notte.

Resta il fatto che Sasha, quella sera, anche grazie a questo posto da sogno, sembrava una vera principessa. Villa Buonaccorsi (oggi di proprietà dello Stato, acquistata dal ministero della Cultura nel 2022 e sottoposta a lavori di recupero per oltre undici milioni di euro: perciò tenete conto che non vi sarà ancora permesso visitare gli interni, ma solo la parte esterna), immersa nella campagna e nelle colline marchigiane, è una residenza talmente sontuosa che chiunque può sentirsi speciale anche solo per una notte. L'edificio, ci hanno spiegato, è originario del Cinquecento ma è stato poi ampliato nel Settecento proprio dal conte Bonaccorsi. Sono sicura che vi starete chiedendo perché questa villa è così famosa, o quantomeno perché ha suscitato il mio smodato interesse. Se vi dico «giardino all'italiana», cosa vi viene in mente? Bene, immaginatelo su ben cinque terrazze degradanti, unite da un'unica scala centrale. Un tripudio di eleganza, siepi e statue da riempire gli occhi ma soprattutto il cuore.

I vialetti che adornano le terrazze sono costeggiati da siepi di alloro, agrumi e peschiere, e potete trovare anche delle stupende aiuole a forma di stella, con tantissime varietà di fiori. Le statue, immancabili in un luogo come questo, contribuiscono a creare un ambiente degno davvero delle migliori favole Disney: non solo figure femminili, ma anche figure più grottesche, nani, e poi obelischi, fontane con giochi d'acqua, piccole grotte. Tenete presente che nel primo terrazzamento troverete anche il «giardino segreto» e la «grotta dei frati», nel secondo le statue di Arlecchino e Pulcinella, e nel terzo la dea Flora. Capite perché abbiamo scelto proprio Villa Buonaccorsi?

Perché è un concentrato di magia e divertimento, in cui l'occhio viene soddisfatto ma anche tutti gli altri sensi, soprattutto l'udito, grazie ai dolcissimi suoni dell'acqua e della natura, e al silenzio, tutt'intorno, della campagna nostrana. A tutto questo ben di dio, aggiungiamo anche che nell'Ottocento venne ricavato un ulteriore terrazzo, mentre il bosco, che si trova al di là di un imponente muro, fu trasformato nientemeno che in un giardino all'inglese, con tanto di laghetto! C'è davvero qualunque cosa, qui non manca nulla.

Infatti, quella sera di ormai sette anni fa, a Villa Buonaccorsi, non ha potuto che essere indimenticabile per tutti noi. Nostra figlia indossava un vestito lungo, blu, con uno strascico che ricordava molto la principessa Anastasia del cartone omonimo, quando va a teatro con Dimitri e incontra per la prima volta la nonna (avete presente, vero? Giuro che non l'ho citata perché è russa!). L'abito metteva perfettamente in risalto il fisico di Sasha, giovane e bello. Altro che «mostriciattolo di mamma», come la chiamavo appena nata! Mi rimangio tutto!

Ricordo che avevamo puntato molto sull'effetto «ballo in maschera», dicendo a tutti i partecipanti che non solo avrebbero dovuto seguire un certo dress code – l'eleganza era d'obbligo, almeno in quell'occasione! – ma che avrebbero potuto anche indossare delle mascherine che avevamo regalato all'ingresso. Anche i dolci e la torta erano in perfetto stile ballo in maschera, con questa torta candida, a tre piani, molto chic, arricchita da fiori di zucchero e perle, e ovviamente con una maschera in cima – anch'essa di zucchero. I biscotti, le tartine, le mini cake, tutto era in perfetta armonia con il tema della festa. Ma volete sapere chi ha realizzato questo ben di dio?

Direte voi, una cake designer. Certo, e di stupefacente bravura, anche. Solo che Alice Noglù non nasce come pasticcera e cake designer, ma bensì come… avvocato! Da praticante per lo studio di una delle mie migliori amiche, l'avvocato penalista Michela Romagnoli, a cake designer di fama nazionale, il passo è stato… diciamo breve!

A esser del tutto onesti, però, devo dire che anche Michela è un asso della cucina. Okay, non realizzerà i dolci meravigliosi che fa Alice, ma… quanto sono buoni. Ricordo che in occasione del decimo compleanno di Sasha, mentre io faticavo a rientrare appena in tempo per la festa – tanto ero presa dal lavoro in giro per l'Italia –, lei si offrì spontaneamente di aiutarmi. In men che non si dica, Michela ha realizzato almeno una ventina di dolci diversi con cui abbiamo riempito il tavolo da ricevimento di casa nostra. Manco a dirvelo: il tempo di apparecchiare ed era già sparito tutto.

Ma tornando al diciottesimo, che altro posso aggiungere? Tanta musica e un'orchestra che suonava dal vivo, un piccolo set allestito nella parte esterna per permettere a tutti gli invitati di fare delle belle foto ricordo, i fuochi d'artificio al taglio della torta, un lungo tappeto rosso all'ingresso con le candele a destra e a sinistra… *Aho'*, altro che il festival del cinema di Venezia, altro che Hollywood. Qua solo la migliore eccellenza marchigiana!

Oltre a Villa Buonaccorsi, però, Potenza Picena nasconde altre chicche che secondo me, alla maggior parte dei visitatori, sfuggono. È normale che quando una località gode di una certa fama per un singolo elemento, tutti gli altri cadano un po' nell'oblio, ma noi siamo qui anche (forse soprattutto) per scoprire quello che, citando *Il Piccolo Principe*, «non si vede che con il cuore», giusto? Sebbene in questo caso dovrete usare pure gambe, piedi, occhi e tutto il resto. Non fa niente, dai. La citazione era bella anche se non ci stava. Andiamo oltre. Partirei dalla parte più antica della città, quella alta: Monte Santo – così si chiama – vanta un bel numero di palazzi antichi e di chiese, in cui vengono conservate opere d'arte piuttosto importanti. Nella top five c'è sicuramente il Palazzo del Podestà in piazza Matteotti (la piazza ha lo stesso nome di quella di Sant'Elpidio! Sono fissata, ormai il mio termine di paragone è sempre il mio paese... aiuto, sto diventando pure campanilista!), di origine trecentesca ma in gran parte ristrutturato nella prima metà dell'Ottocento; sempre in piazza trovate la Torre Civica, il Palazzo comunale e il Teatro Mugellini, che è praticamente ospitato all'interno del Palazzo comunale: è piccolo ma vi assicuro che è delizioso, con quel soffitto coloratissimo e un rosone centrale attorno al quale corrono delle figure mitologiche in stile greco. Impossibile non citare anche la Collegiata di Santo Stefano ma soprattutto la Cappella della Congregazione dei Contadini. Di cosa si tratta, direte voi? Ebbene, questa cappella si differenzia dalle altre innanzitutto per la forma semi sferica del palco sul quale vengono ospitati diversi eventi, e poi perché ospita gli affreschi del pittore Benedetto Biancolini, nativo di Ascoli Piceno.

Chiuderei questo bel giro con una visitina anche al Pincio, da dove potrete ammirare un belvedere molto emozionante soprattutto se vi capiterà di arrivarci al tramonto. Ormai è chiaro: la panoramica sulle colline marchigiane è d'obbligo un po' ovunque, no? Sarete dolcemente accerchiati, sempre e in qualunque luogo.

Rievocazioni storiche
nelle Marche

1. **Scio' la Pica** Monterubbiano (FM) dal 06/06/1965	*Pentecoste*
2. **Giostra della Quintana** Ascoli Piceno (AP) dal 05/08/1955	*2° sabato di luglio* *1° domenica di agosto*
3. **Palio di San Ginesio** San Ginesio (MC) dal 15/08/1969	*15 agosto*
4. **Palio del Serafino** Sarnano (MC) dal 08/08/1965	*2° domenica di agosto*
5. **Cingoli 1848** Cingoli (MC) dal 28/06/1987	*Luglio*
6. **Sacra di Grottammare** Grottammare (AP) dal 1177 (documentata dal 1479)	*Si celebra solo quando il 1° luglio cade di domenica*
7. **Festa del Duca – Sipari Rinascimentali** Urbino (PU) dal 1983	*10/14 agosto – 1/15 dicembre*
8. **Contesa dello Stivale** Filottrano (AN) dal 08/1980	*1° fine settimana di agosto*
9. **Caccia al Cinghiale** Mondavio (PU) dal 13/08/1959	*13/14/15 agosto*
10. **Sponsalia** Acquaviva Picena (AP) dal 01/08/1988	*1° fine settimana di agosto*
11. **Contesa del Secchio** Sant'Elpidio a Mare (FM) dal 1953	*2° domenica di agosto*
12. **Torneo Cavalleresco «Castel Clementino»** Servigliano (FM) dal 15/06/1969	*3° settimana di agosto*
13. **Palio storico dell'Oca** Cagli (PU) dal 09/08/1987	*Agosto*
14. **Cavalcata dell'Assunta** Fermo (FM) dal 15/08/1982	*15 agosto*
15. **La Turba** Cantiano (PU) dal 07/04/1939	*Venerdì Santo*
16. **Palio dei Castelli** San Severino Marche (MC) dal 08/06/1972	*Giugno*
17. **Corsa alla Spada e Palio** Camerino (MC) dal 17/05/1982	*Maggio*
18. **Le Canestrelle** Amandola (FM) dal 08/1897	*Agosto*
19. **La morte del Giusto** Loreto (AN) dal 1978	*Venerdì Santo*
20. **Templaria Festival** Castignano (AP) dal 1990	*Dal 17 al 21 agosto*
21. **Palio di San Giovanni Battista** Fabriano (AN) dal 1995	*Dal 15 al 24 giugno*
22. **Palio dei Conti Oliva** Piandimeleto (PU) dal 30/07/1988	*Ultimo fine settimana di luglio*
23. **Il ritorno degli Esuli** San Ginesio (MC) dal 09/06/1963	*Giugno (ogni tre anni)*
24. **Palio della Rocca** Serra Sant'Abbondio (PU) dal 13/09/1986	*Settembre*
25. **Passio** Apecchio (PU) – Fraz. Serravalle di Carda dal 1979	*Venerdì Santo*
26. **Giostra de Le Castella** Caldarola (MC) dal 28/08/1983	*Agosto*
27. **Feste medievali** Offagna (AN) dal 30/07/1988	*Luglio*
28. **Palio di Brancaleoni – Contesa della Pannocchia** Piobbico (PU) dal 1969	*Agosto*
29. **Palio della Rana** Fermignano (PU) dal 1966	*Aprile (domenica in albis)*
30. **Contesa del Pozzo della Polenta** Corinaldo (AN) dal 1980	*Giugno/luglio*

CASTELLO DI GRADARA
PESARO
FANO
PIANDIMELETO
URBINO
FERMIGNANO
MONDAVIO
SENIGALLIA
PIOBBICO
CAGLI
CORINALDO
AEROPORTO FALCONARA MARITTIMA
ANCONA
PORTONOVO
APECCHIO
JESI
CANTIANO
SERRA SANT'ABBONDIO
OFFAGNA
SIROLO
NUMANA
GROTTE GENGA
FRASASSI
FILOTTRANO
LORETO
PORTO RECANATI
CINGOLI
RECANATI
POTENZA PICENA
FABRIANO
ELCITO
MONTECOSARO
CIVIITANOVA MARCHE
FAGGETA DI CANFAITO
S. SEVERINO
MORROVALLE
PORTO S.ELPIDIO
MACERATA
CAMERINO
TOLENTINO
MONTE S. GIUSTO
S. EPIDIO A MARE
CALDAROLA
CASTELLO LA RANCIA
ABBADIA DI FIASTRA
PORTO S. GIORGIO
MONTEGIORGIO
GROTTAZZOLINA
FERMO
RIPE S. GINESIO
PEDASO
TORRE DI PALME
S. GINESIO
PIANE DI FALERONE
MONTERUBBIANO
MORESCO
FIASTRA
SARNANO
CUPRAMARTTIMA
GAROLLA
SERVIGLIANO
MONTEFIORE
AMANDOLA
MADONNA DELL'AMBRO
GROTT. ALTA
GROTTAMMARE
MONTEFORTINO
CASTIGNANO
ACQUAVIVA
RIST. IL TIGLIO
OFFIDA
SPINETOLI
SAN BENEDETTO
MONTEMONACO
ASCOLI PICENO
ACQUASANTA TERME

Camerino: una Corsa alla Spada e Palio da... ricordare

Quando qualcuno, anche solo per sbaglio, nomina la città di Camerino, dentro di me non posso mai fare a meno di sorridere (a volte di ridere proprio), perché torno sempre con la mente a quel maggio del 2005 nel quale eravamo stati invitati alla Corsa alla Spada e Palio.

All'epoca, nostra figlia Sasha aveva soltanto cinque anni, e in quell'occasione io e Luca decidemmo di portarla con noi, anzi, di farle indossare uno degli abiti della tradizione storica.

Corsa alla Spada e Palio, dieci giorni, durante i quali si festeggia il culto del santo patrono – San Venanzio da Camerino – e la signoria di Giulio Cesare da Varano.

Prima di tutto, devo spiegarvi di cosa si tratta (sì, sto già sorridendo, ma voi fate finta di niente): tutto si svolge nell'arco di dieci giorni, durante i quali si festeggia il culto del santo patrono – San Venanzio da Camerino – e la signoria di Giulio Cesare da Varano (risalente alla seconda metà del Quattrocento). Le giornate più importanti sono quelle del 17 maggio (vigilia di San Venanzio) e la domenica successiva al 18 maggio. Nella prima data assisterete al corteo dei terzieri, all'offerta dei ceri e all'accensione del focaraccio (molto suggestivo poiché si svolge in notturna, è così che si dà ufficialmente il via ai festeggiamenti dopo che il banditore ha letto il proclama nella lingua volgare del 1200), mentre nella seconda data assisterete alla Corsa alla Spada e Palio.

Ho omesso di dire che anche Camerino è città d'origine medievale ma, detto fra noi, serve ancora sottolinearlo? Penso di no.

La città, in queste giornate di festa, sembra fermarsi e fare un tuffo nel passato, unita attorno a una rievocazione che diventa il collante di un'intera comunità, per quanto è sentita.

La Corsa alla Spada è l'evento sportivo clou, durante il quale il tragitto che i partecipanti compiono è identico a quello di tanti secoli fa: si parte dalla Chiesa di San Venanzio e si raggiunge la piazza principale, proseguendo poi per corso Vittorio Emanuele e terminando in via Lili; la folla attende i vincitori sempre davanti alla Chiesa di Santa Maria in Via.

Ma la Corsa è preceduta ogni anno da una sfilata con moltissimi figuranti, e tra le dame spicca la figura della Duchessa, accompagnata dal suo Duca. Ecco, qui entriamo in scena noi, i Sabbioni-Stefanenko. I Sabbionenko. Gli Stefabbioni. Scegliete voi.

Fatto sta che la nostra famigliola, fiera e vestita a tema, ha sfilato senza fare una piega. Grandi sorrisi, gioia, felicità, giubilo generale. Eravamo nella parte, sapevamo cosa fare anche perché, oh, semo de Sallupijo, semo 'bbituati (Siamo di Sant'Elpidio, siamo abituati!), fino a quando, al termine del tragitto, io, Luca e Sasha non saliamo sul palco. Immaginatevi la scena: una bella giornata di maggio, tutta Camerino lì riunita, noi spavaldi in quegli abiti lussuosi, e a un certo punto sento Sasha che con una manina mi strattona la gonna del vestito.

«Che c'è, amore?» le chiedo continuando a sorridere.

Mi osserva con le labbra arricciate e poi, piano, piano, dice: «Mi scappa la pipì».

Eh no, amore de mamma, no. La pipì adesso, no.

Il torrone
di Camerino

Poche certezze, ma una di queste è il famoso Torrone di Camerino, prodotto simbolo della Città Ducale. Si attesterebbe, secondo documenti depositati presso il notaio camerte Stefano Ricci, che il termine torrone sia stato usato nelle Marche per la prima volta, in riferimento al dolce natalizio, nel 1793, per questo si parla di un cibo radicatissimo nella tradizione locale. Fra i più famosi delle Marche, c'è di sicuro quello di Francucci, che dal 1890 produce questa bontà in molte varianti: dal classico «C'era una volta» a quelli gourmet, tra i quali spiccano il «Ghiottò» (torrone ricoperto e farcito con fichi secchi, pasta di cacao e aromi) e il «Pan di Spagna». Ottimi da mangiare in loco ma anche da regalare (e regalarsi!).

A parte che per tirarle giù il vestito avrei impiegato venti minuti buoni, ma proprio sul palco… no, dai.

«Non riesci a trattenerla? Abbiamo quasi finito» mentivo spudoratamente ma continuavo a sorridere, imperterrita.

«Mi scappa» Sasha continuava più imperterrita di me. «Mi scappa.»

«Adesso non possiamo!» bisbigliavo io.

«Mi scappa, mamma! Mi scappa.»

«E va bene» le ho detto rapida. «Falla lo stesso, falla così.»

Solo io, accanto a lei, potevo ammirare il sollievo sulla faccia di mia figlia cinquenne che si liberava da tanto peso mentre si formava, sotto di lei, un piccolo specchio… d'acqua.

Se ci ripenso oggi, non solo mi viene da ridere ma ricordo con una certa soddisfazione la sua sensazione di libertà. Per fortuna, lì nei pressi, c'era nonna Tania che, sebbene fosse domenica e tutti i negozi fossero chiusi, venne avvertita da Luca (che comunque non si era accorto di niente, nessuno poteva accorgersene) e, colpo di fortuna, trovò in mezzo al pubblico la proprietaria di un negozio di vestiti per bambini che aprì l'attività appositamente per noi, permettendoci di comprare un paio di pantaloni puliti per Sasha. Tutto è bene quel che finisce asciutto, direi in questo caso.

Vi ho raccontato questo pezzo di storia personale che mi intenerisce ogni volta, pensando alla mia Sasha, ma Camerino è molto più di quel che ho appena detto.

Camerino è anche una ferita tuttora aperta, e mi riferisco al terremoto del 2016 che l'ha resa quasi del tutto inagibile, ecco perché è stata annoverata come uno dei Borghi Arancioni.

Ogni territorio parla, ha qualcosa da raccontarci e sospiri eterni che, a un orecchio attento, non possono sfuggire; ma i paesi colpiti in modo tanto profondo da eventi naturali catastrofici hanno forse qualcosa in più degli altri da raccontare, e per questo vanno visitati, ascoltati e mai, mai, mai dimenticati.

La ricostruzione, in questi anni, è stata un'operazione necessaria e urgente, e ormai i cartelli con su scritto «zona rossa» sono pochissimi. Ma i segni ci sono ancora, e nonostante tutto vi invito a fare un giro per questa città che ha tanto da dare.

Da piazzale della Vittoria potete partire per arrivare, anzitutto, al quartiere ebraico: il quartiere della Giudecca è un insieme di viuzze in cui gli abitanti di religione ebraica vivevano già nella metà del Trecento, ma che poi nel Cinquecento, dietro restrizioni antiebraiche promulgate da Papa Paolo IV, si trasformò in un vero e proprio ghetto.

Il quartiere della Giudecca è un insieme di viuzze in cui gli abitanti di religione ebraica vivevano già nella metà del Trecento, ma che poi nel Cinquecento, dietro restrizioni antiebraiche promulgate da Papa Paolo IV, si trasformò in un vero e proprio ghetto.

Ci sono poi almeno tre bellezze imperdibili, come Palazzo Ducale – monumento rinascimentale danneggiato dal terremoto –, il Belvedere di San Venanzio e l'Orto Botanico Carmela Cortini dell'Università di Camerino. Quest'ultimo si trova fuori dalla cinta muraria, lungo il perimetro del Palazzo Ducale, ed è stato fondato nel 1828 (nel 2008 poi dedicato alla docente universitaria

Cortini): è suddiviso ben tre sezioni che, ne sono certa, adorerete per lo spirito di quiete che l'ambiente suscita. Uno di quei luoghi che, come si dice, vi rimette in pace col mondo. Ci sono alcuni alberi secolari (ad esempio, il Ginkgo Biloba più alto delle Marche), le serre tropicali (con piante da caffè, tè, cotone ecc.), e diverse specie arboree, arbustive ed erbacee, per un totale di oltre mille specie.

D'obbligo, visto che è un patrono così sentito, è una visita alla Basilica di San Venanzio, poco distante. In questo caso rimarrete stupiti dall'interno neoclassico bianco candido, che dà all'ambiente una lucentezza a dir poco unica, tanto nelle giornate di pioggia quanto in quelle soleggiate. A vivacizzare il tutto, però, ci sono degli stendardi colorati con pianta a croce latina. La luce, però, deriva anzitutto dalla cupola circolare, uno spettacolo per gli occhi.

Come ben saprete, Camerino è anche città di studi, e famosa è l'Università (da quella di Architettura a quella di Bioscienza e Medicina Veterinaria), ma anche l'Accademia della Musica Franco Corelli, ricostruita dopo il terremoto grazie all'Andrea Bocelli Foundation, e che potete visitare senza timore (chiedete liberamente di fare un piccolo giro, tutto il personale è di una gentilezza disarmante).

Servigliano e la Quintana

Trascorrendo il mio tempo qui nelle Marche, di alcune cose ormai ho una certezza marmorea, come per esempio del fatto che «frica» non è una parolaccia ma significa «bambina» in dialetto (questo termine, soprattutto quando l'ho sentito per la prima volta, mi ha quasi traumatizzata) e che quasi ogni borgo, grande o piccolo che sia, ha il suo personalissimo «palio» tra la fine di luglio e la prima metà di agosto.

Pure Servigliano non è da meno, infatti anche qui la settimana di Ferragosto diventa sinonimo di Quintana – da ormai più di mezzo secolo. Nel 2022, in particolare, ho avuto il piacere non solo di assistere come spettatrice ma di essere coinvolta direttamente come «testimonial social» del Torneo cavalleresco. Non ho potuto proprio dire di no anche perché... io e la Quintana abbiamo la stessa età, cinqu... sei anni. Portati benissimo (non è una domanda, è un'affermazione).

La cosa divertente è che, quell'anno lì, nel corso di tutta la settimana sono andata in giro per il borgo a raccontare la manifestazione attraverso storie Instagram e reels, dalle passioni dei contradaioli agli spettacoli. Volevo che anche i miei follower si incuriosissero – a proposito, non è che c'è qualche lettore che mi segue e se lo ricorda? – e iniziassero a conoscere un po' di più di questa storica rievocazione in costume.

Iniziamo col precisare che tutto si apre con il Torneo cavalleresco di Castel Clementino, rievocazione storica in costume del XV secolo, con oltre trecento figuranti; a seguire, si svolge la Giostra dell'Anello, un gioco che vede partecipi cinque cavalieri, ognuno rappresentante del proprio rione (Porta Santo Spirito, Paese Vecchio, San Marco, Porta Navarra e Porta Marina).

Tutto si apre con il Torneo cavalleresco di Castel Clementino, rievocazione storica in costume del XV secolo, con oltre trecento figuranti; a seguire, si svolge la Giostra dell'Anello, un gioco che vede partecipi cinque cavalieri, ognuno rappresentante del proprio rione.

Si sfideranno in un percorso a forma di otto, in tre diverse tornate, nelle quali cercheranno di infilare, con l'aiuto di una lancia, anelli di dimensioni decrescenti, rispettivamente di otto, sei e quattro centimetri e mezzo. Come per Sant'Elpidio, e in generale per le rievocazioni storiche più famose delle Marche e d'Italia (specie del Centro), potrete assistere a sfilate con costumi davvero perfetti: riproduzioni fedelissime dei modelli prerinascimentali ispirati ai dipinti dei maestri dell'epoca, e tutti realizzati, nel caso particolare di Servigliano, dalle sartorie locali (che, va detto con orgoglio, si aggiornano costantemente sulla storia dei costumi dell'epoca, per essere quanto più precise possibili; i marchigiani saranno anche pignoli ma in quanto a manie di perfezionismo non si smentiscono mai). Insomma, un vero tesoro prodotto da mani «marchigiane DOC».

Certo, non vi nego che mi sono chiesta tantissime volte come sia possibile non morire di caldo, con quaranta gradi all'ombra, trascinando il peso di quegli abiti.

Penso che alla fine sia una questione di abitudine, e credo anche che il divertimento e la gioia di prendere parte alla sfilata siano superiori a tutto il resto. Ma avete mai provato anche solo a sollevarlo, un costume simile? È una prova di forza mica da poco!

Tra colline e scalinate, e vestiti da trascinare, di una cosa potete stare certi: trascorrere del tempo nelle Marche non solo non vi annoierà, ma vi assicurerà una bella attività fisica, per sfondarvi di cibo senza pentimento.

Ma alla fine, come nasce questa settimana di festeggiamenti? Cioè, perché ci ritroviamo ogni anno a prendere parte a questa rievocazione?

Io me lo sono chiesta e la risposta che ho trovato a Servigliano è stata davvero bella: in sostanza, a metà del Quattrocento, l'abate di Farfa ha ceduto a Servigliano la Piana di San Gualtiero, e questo gesto ha fatto sì che si ponesse fine a ben due secoli di scontri! Ecco perché si sono avviati i giochi, per festeggiare come si doveva questo evento epocale.

A metà del Quattrocento, l'abate di Farfa ha ceduto a Servigliano la Piana di San Gualtiero, e questo gesto ha fatto sì che si ponesse fine a ben due secoli di scontri! Ecco perché si sono avviati i giochi, per festeggiare come si doveva questo evento epocale.

Quando ho raccontato sui social le tradizioni locali e mi sono mostrata immersa in quell'atmosfera, in un ambiente che per me oggi è davvero famigliare (ho barato, però: per me niente vestiti di velluto!), i miei follower sono come impazziti di curiosità e hanno cominciato a fare domande su come arrivare, cosa vedere e cosa mangiare, e mi sono resa conto che per molti di loro la settimana di Quintana, magica per Servigliano, era in realtà sconosciuta. Un piccolo «Palio di Siena» che rappresenta un appuntamento fisso per grandi e piccoli, dai treenni che prendono per la prima volta la bandiera in mano ai signori più anziani che a malapena riescono a reggerla ma che con orgoglio portano avanti la tradizione.

A proposito di «come arrivare, cosa vedere, cosa mangiare», non pensate che anche a Servigliano non ci siano altre cose interessanti, anzi!

Ora, su come arrivare ci siamo intesi già dal primo capitolo: se arrivate con un'automobile è molto meglio, perché alcuni di questi borghi – specie i più piccoli, nell'interno della regione – non sono così facilmente raggiungibili in treno.

Concentriamoci però sugli altri due aspetti, e cioè cosa vedere e cosa mangiare.

Non è comune che un centro storico, soprattutto di stampo medievale, si sviluppi in pianura piuttosto che in collina, ma Servigliano è fatto così, un quadrilatero quasi perfetto racchiuso da una cinta muraria, tutto in pianura appunto, con tre ingressi: Porta Clementina a Nord, Porta Santo Spirito a Sud-Ovest e Porta Pia a Sud.

Una volta arrivati in piazza Roma c'è una cosa che proprio non riuscirete a non notare, ed è la Collegiata di San Marco, vicino alla Torre Campanaria – qui dentro troverete le reliquie di San Serviglianο e di San Gualtiero.

Fagioli con le cotiche

Non di sola arte si vive, né tantomeno di sola Storia. Figuriamoci poi, se dopo un giro così intenso, non vi verrà voglia di un bellu piattu 'nnertu *(un bel piatto sostanzioso). E chi sono io per non scegliere una di quelle pietanze che forse non metterà d'accordo tutti (vegetariani e vegani sicuramente no) ma che è rappresentativa della regione e che soprattutto* 'rrempie *(riempie, rende sazi) già al secondo boccone? I fagioli con le cotiche sono un must della cultura contadina marchigiana e anche di moltissime sagre della zona: cotenna di maiale, fagioli, salvia, sale, pepe, aglio e olio. E il gioco è fatto.*
Non fatevi scoraggiare da quella parola, «cotenna di maiale», che a chi non l'ha mai assaggiata suonerà più sinistra di quanto in realtà non sia. Datevi e datele un'occasione. Questo piatto più che ricco vi riscalderà in inverno e in estate… no, in estate prendete qualcos'altro se non volete tornare di corsa al Creatore.

Ma se devo proprio dirvi qual è la chicca del centro storico, non esiterò a farvi il nome di Palazzo Filoni Vecchiotti, dove sono conservati tessuti di seta molto pregiati e velluti originali dell'Ottocento a ornamento delle pareti.

Ora arriviamo alla parte più forte di questo tour. Non so quanti di voi sapranno che a Servigliano si trovava un grande campo di detenzione, la cui costruzione risale alla Prima guerra mondiale, nel 1915. All'epoca, si parlava di un campo di prigionia per soldati austro-ungarici, e si trovava nella zona più periferica, vicino alla stazione che avrebbe portato ad Amandola. Erano state costruite ben trentadue baracche che, in totale, avrebbero potuto contenere circa quattromila prigionieri.

A Servigliano si trovava un grande campo di detenzione, la cui costruzione risale alla Prima guerra mondiale, nel 1915.

Se dopo la fine della Grande Guerra il campo venne prima chiuso e poi usato come deposito militare, durante la Seconda guerra mondiale tornò in attività, per così dire, ospitando nel 1941 i primi prigionieri. Ma a ottobre del 1943, il campo finì sotto il controllo nazista, che iniziò un'operazione di rastrellamento alla ricerca degli ebrei che vivevano nella zona – e che vennero poi deportati ad Auschwitz con il convoglio del 16 maggio 1944.

Il campo, però, non conobbe soltanto vicende così tristi, perché con la fine della guerra ospitò anche i primi profughi italiani provenienti da Venezia-Giulia e Dalmazia (in fuga per via delle tensioni fra Jugoslavia e Italia, a causa del maresciallo Tito che ebbe un'enorme responsabilità politica nella repressione anti-italiana di Fiume, Istria e Dalmazia).

Credo siano in pochi a conoscere questa «seconda faccia» di Servigliano, oltre agli appassionati di Storia, chiaramente. Visitare la Casa della Memoria, fondata nel 2001 e che sorge con lo scopo di non dimenticare cosa accadde nell'ex campo di prigionia, è un gesto quasi obbligatorio, di sicuro necessario per la portata simbolica di un periodo storico così importante e doloroso, che non deve morire mai, tantomeno ai giorni nostri. Si trova proprio nell'ex stazione ferroviaria di Servigliano dove troverete anche il Museo della Memoria, una mostra fotografica permanente sulla storia del campo.

L'ultimo luogo che di Servigliano voglio menzionarvi è la Chiesa Santa Maria del Piano, con annesso l'ex convento, situati esternamente al perimetro urbano. L'edificio risale al Quattrocento e sorge praticamente sulle rive del fiume Tenna, dove prima si trovava una villa romana. Ricordate l'abate di Farfa che vi ho nominato poco fa? Quello che cedette a Servigliano la Piana di San Gualtiero? Ecco, la pianura in cui trovate questo complesso era originariamente di proprietà dell'Abbazia di Farfa. Tutto torna, giusto? Anch'io, all'inizio, ho faticato a destreggiarmi tra nomi di personaggi storici, pubblici e privati, e quelli dei santi delle chiese o delle basiliche, ma una volta entrati nel meccanismo marchigiano tutto è più facile, soprattutto se ad aspettarvi, alla fine della passeggiata, trovate qualche piatto tipico della provincia di Fermo.

PARCO ARCHEOLOGICO FALERIO PICENUS

Se siete arrivati, come immagino dato che state leggendo questa pagina, a Servigliano, è d'obbligo per la sottoscritta segnalarvi che a quattro, al massimo cinque minuti di macchina – nel caso faticaste a trovare parcheggio (è una battuta, potete ridere) – troverete le Piane di Falerone, famose per il Parco Archeologico Falerio Picenus, che è davvero uno spettacolo. Questo parco nasce ufficialmente a metà gli anni Novanta del secolo scorso, con l'intenzione di conservare e prendersi cura di un patrimonio archeologico di enorme rilievo, divenendo così un parco unico nel suo genere in tutta la regione perché si diffonde letteralmente all'interno del paese di Piane di Falerone, che è ovviamente moderno.

Il teatro, l'anfiteatro e la cisterna monumentale (bagni della Regina) sono più isolati rispetto al sarcofago, al podio di un tempio, alla cisterna e ai vari elementi antichi che troverete invece nel paese. Qui, nel vero senso della parola, antichità e contemporaneità non solo si parlano ma convivono con una nonchalance assoluta, da lasciare stupefatto qualunque turista o visitatore.

Vi dirò di più: recentemente, cioè nel 2023, sono stati scoperti nuovi resti archeologici, a seguito dei lavori nel terreno adiacente al teatro romano. Sembrerebbe che un intero quartiere sia sotterrato nell'area di alcuni privati. Questa regione non finirà mai di stupirmi!

3

Nel cuore delle Marche zozze

L'anima delle Marche

Ve lo ricordate tutto il discorso sulle Marche «zozze» e sul perché si chiamano così, giusto? Ecco, anche se vi ho già parlato di Sant'Elpidio a Mare, di Civitanova e vi ho introdotto a quel tipo di cittadine, adesso è giunto il momento di fare le presentazioni ufficiali, quelle con la provincia: Fermo e Macerata. Anzi, voglio dirvela con l'intonazione giusta: «Fermo e Magerada». È un po' come quando il partner ti presenta prima gli amici e poi passa alla famiglia.

Io sono russa e per imparare l'italiano ci ho messo un po', ma immaginatevi essere russi e avere a che fare col dialetto di una regione che ha un evidente problema con le «t» e con le «d» (ma pure con le «p» e con le «b»). Con grande generosità tutti hanno sempre voluto insegnarmi la lingua, peccato che l'abbiano fatto molto spesso parlandomi con i termini sbagliati: difficile capire che «lu piancitu» in realtà è il pavimento, e ancora più difficile è capire al primo colpo che «le coraje» sono in realtà i gioielli (solitamente quelli dozzinali, di bassa bigiotteria). Ma siamo nelle Marche zozze, baby, nessuno si formalizza e soprattutto ogni cosa è consentita.

Quindi, da dove partiamo? Beh, ovviamente dalla mia provincia del cuore, quella di Sant'Elpidio a Mare: Fermo!

Fermo, le cisterne romane e la sala del mappamondo

Fra le più antiche città delle Marche c'è senza ombra di dubbio Fermo, che è stata fondata dai piceni e poi «tirata su» dai romani. L'impronta storica e nello specifico medievale si sente forte, ed è ciò che caratterizza questa città che da ormai qualche anno è diventata provincia.

Fermo è ricchissima di bellezza e di arte, offre tante occasioni di svago e cultura senza mai trascurare la componente dell'originalità e, perché no, del divertimento. Ma non vive solo «in superficie», perché la Fermo sotterranea, quella delle cisterne romane, è un altro mondo – integro e intatto – tutto da scoprire, e che sono sicura vi lascerà a bocca aperta. Andiamo per gradi, però.

Piazza del Popolo è una piazza pensata per stupire – fin dai tempi di Alessandro Sforza, quando nel 1442 accolse per la prima volta la moglie di suo fratello Francesco, che partorì proprio nella città marchigiana il futuro duca di Milano Galeazzo Maria Sforza!

Che ci sia il sole o che troviate la pioggia, piazza del Popolo è uno di quei luoghi di fronte ai quali non potrete rimanere indifferenti: se arriverete da corso Cefalonia, prima passerete sotto un bellissimo «archetto» che vi farà accedere alla maestosità di una piazza pensata per stupire – fin dai tempi di Alessandro Sforza, quando nel 1442 accolse per la prima volta la moglie di suo fratello Francesco, che partorì proprio nella città marchigiana il futuro duca di Milano Galeazzo Maria Sforza! Questi sono i gossip storici che amo sapere.

Quindi insomma, tra il Palazzo dei Priori da un lato e il Palazzo degli Studi dall'altro (collegati fra loro dalla loggetta pensile che funge da «archetto», come dicevo), la piazza di Fermo si dischiuderà di fronte a voi in tutta la sua bellezza, corredata da due file di logge – il famoso Loggiato di San Rocco, finito di restaurare nel 2018 – che la incorniciano e che, quando di notte vengono illuminate, donano un tocco di calore in più. Nelle giornate soleggiate, soprattutto durante il periodo estivo in cui la luce è più forte, il gioco di ombre e il contrasto fra il cielo azzurro delle Marche e il colore dei mattoni delle elegantissime dimore cinquecentesche vi riempiranno gli occhi catapultandovi in una dimensione fuori dal tempo. A me, perlomeno, fa sempre questo effetto.

Visto che abbiamo cominciato il nostro tour nel cuore pulsante della città, nella sua anima... direi che sono anche pronta a mettervi sul piatto – no, non è ancora ora di pranzo, state sempre a *penzà a magnà*? (state sempre a pensare al cibo?) – l'elemento clou di Fermo, quello per cui i turisti, spesso, macinano chilometri pur di vederlo. Sto parlando del gigantesco mappamondo risalente al

1713 e realizzato dal cartografo Silvestro Moroncelli con la pregiatissima carta di Fabriano (a cui, pian piano, arriveremo, non preoccupatevi. Vi stavate preoccupando?).

Quando sono entrata per la prima volta nella Sala del Mappamondo – che risale al 1688 e che si trova all'interno del Palazzo dei Priori, anche se costituisce il nucleo originario della Biblioteca Civica Romolo Spezioli – non credevo ai miei occhi: mai avevo visto un mappamondo con un diametro di ben… due metri! Occupa interamente il centro della stanza ed è davvero stupefacente. Ci sono tornata di recente, quando ho girato proprio a Fermo alcune scene del film *A se stesso*, e devo dire che l'effetto «wow» è stato proprio come lo ricordavo.

Parlando della biblioteca, poi… che dire, un incanto. Al suo interno sono custoditi codici riccamente miniati, edizioni a stampa rarissime, collezioni che comprendono tremila manoscritti, centoventisette codici, più di trecentomila documenti e circa seimilacinquecento incisioni, monete e sigilli. Per non parlare delle oltre quindicimila edizioni del Cinquecento e le quasi ventitremila edizioni in miscellanea (non sto dando numeri a caso, eh, e quindi non dite in giro che la Stefanenko è impazzita!). Molti di questi volumi del Cinquecento furono donati da Spezioli stesso, il medico della regina Cristina di Svezia (per questo la biblioteca porta il suo nome), e l'aria che si respira è proprio quella di un tempo passato assolutamente vivido, quasi cristallizzato e pronto a essere rivissuto da chiunque si trovi a sfogliare quei volumi – ebbene sì, previa richiesta, la consultazione è libera!

Villa Vitali

A soli tredici minuti a piedi da piazza del Popolo, procedendo verso viale Trento, c'è un appuntamento immancabile, quello con Villa Vitali, un gioiellino della città di Fermo che risale al 1854 (ristrutturata nel 1885 da Francesco Vitali). La villa ha da sempre custodito preziose collezioni artistiche, ma è la vista del prato ellittico che vi lascerà senza parole, poiché troverete ben ventiquattro busti di terracotta raffiguranti personalità del mondo greco e romano. Nella struttura potrete visitare il galoppatoio (che in realtà si trova di fronte alla villa e veniva usato come intrattenimento per gli ospiti ma anche per l'allenamento ippico), la serra calda (per custodire le piante nel periodo invernale), la casa del custode (poi diventato alloggio del cocchiere). Chicca finale: il porticato neogotico con copertura a vetri, uno di quei luoghi in cui, soprattutto quando fa molto caldo, mi infilerei volentieri per godermi un po' di fresco.

La cosa buffa, per così dire, è che i volumi sono in ordine di grandezza e di «pesantezza», perciò non li troverete suddivisi per autore o per genere ma per mole, dal basso verso l'alto (il risultato «estetico» è davvero notevole).

Dal Palazzo degli Studi, dove per l'appunto si trova la biblioteca, il passaggio al Palazzo dei Priori è praticamente obbligato, perché ce l'avete di fianco (e a questo punto ci sarete già stati per visitare la Sala del Mappamondo: non me ne volete, vi ho fatto fare un po' avanti e indietro, punto sull'effetto sorpresa, o forse è più corretto dire sull'«effetto spaesamento». Come diceva Arthur Bloch? «Se non puoi convincerli, confondili.»

Una cosa che ancora non sapete, però – altrimenti a che serve questa guida? – è che Palazzo dei Priori nasce dall'unione di due costruzioni preesistenti, un palazzo di proprietà di privati e l'antica Chiesa di San Martino: la struttura è stata iniziata alla fine del Duecento ed è poi terminata alla fine del Cinquecento, con la sua riconoscibilissima facciata «a ventaglio».

Il bello però arriva quando (ri)metterete un piede al suo interno, perché qui, oltre alla Pinacoteca Civica, c'è anche il Museo Archeologico. Per quanto mi riguarda, una delle sale che preferisco – a parte quella del Mappamondo – è la Sala dei Ritratti, che prima veniva chiamata Sala delle Commedie dato che fino al Settecento fungeva da teatro (usanza comune in molti altri borghi, lo vedremo). Ci sono poi, fra le altre, anche la Sala Rossa, la Sala Consiliare, la Sala dei Costumi e la Sala degli Stemmi.

Procedendo sempre a sentimento – oh, dopotutto questa è una guida sentimentale, perciò non fatemi storie – vi dico che il secondo luogo magico di Fermo, almeno per me, è il Colle Girfalco, con il suo splendido parco in cui trascorrere piacevoli domeniche stesi al sole e fare merende a base di pane e ciauscolo. Come ci si arriva? Da piazza del Popolo è piuttosto semplice: sempre dritti, fino alla fine della piazza e poi svoltate a destra (se arrivate da corso Cefalonia; altrimenti, se arrivate dalla parte opposta, dovrete girare subito alla vostra sinistra). Troverete una strada in salita.

Molto in salita.

Cioè proprio una salita-salita.

Ma lo spettacolo in cima vale lo sforzo, ve lo prometto (quante volte mi avete sentito dire questa cosa, nel corso del libro? Ragazzi, non le ho fatte mica io le Marche, sono faticose ma anche stupende, portate pazienza e anche una bottiglia d'acqua nello zaino).

Appena mettete piede nel parco, boom! Di fronte a voi si ergerà, potente come non mai, la Cattedrale Metropolitana di Santa Maria Assunta, un duomo costruito da Federico II e che si erge sui resti di un tempio pagano. Se la torre campanaria vi stupirà per altezza, gli interni della cattedrale non vi stupiranno di meno, anzi: luminosa, ampia, con tre navate in stile neoclassico e una serie di colonne ad archi e cupole raffinatissime che non vi faranno pentire di aver percorso una salita piuttosto ripida per arrivarci. Se poi capitate da queste parti all'ora del tramonto, vedrete la facciata completamente illuminata dalla luce aranciata del sole che a poco a poco si riduce fino a lasciare il posto all'ombra. Un luogo che definire poetico è poco (se siete in coppia scatterà subito il bacio, vi avverto).

Vi risparmio la dritta sul panorama dal Parco del Girfalco (da cui si vede benissimo anche il mare!) perché ormai sapete che le vedute, nelle zone alte delle Marche, sono tutte mozzafiato. Quando incappate in una terrazza o simil tale, sporgetevi (senza cadere), rifatevi gli occhi e poi pensate: «Me l'ha consigliato Natasha Stefanenko», e se la vista non sarà poi così bella... date pure la colpa a me, ci sta.

A questo punto, oltre a suggerirvi un giro al Teatro dell'Aquila – d'epoca settecentesca, uno dei più belli e antichi d'Italia, con tutti i Numi dell'Olimpo affrescati sul soffitto, il maestosissimo lampadario a cinquantasei bracci e il sipario storico nel quale è raffigurata Armonia mentre consegna la cetra al genio fermano – e poi per le vie del centro, arriviamo al pezzo forte che vi ho spoilerato a inizio capitolo: le cisterne.

Da piazza del Popolo spingetevi fino a via degli Aceti, una stradina abbastanza ripida (non guardatemi così, lo so, siamo alle solite) che vi condurrà proprio alle cisterne romane: contano – ascoltate bene – trenta sale comunicanti suddivise su tre file parallele. Tramite quest'opera di ingegneria idraulica, l'acqua sorgiva veniva distribuita in tutta la città. A parte l'esperienza in sé, e cioè quella di visitare un complesso così ben strutturato e antico, che si mantiene perfettamente e che per questo può ospitare i visitatori del Duemila, c'è ancora una cosa che non sapete sulle cisterne: col calar del buio, possono diventare lo scenario perfetto per una escape room! Nel giro di un'ora sarete chiamati a risolvere il «caso» e trovare poi, da soli, la via d'uscita da questo posto affascinante sì ma anche un po' inquietante se dovete muovervi senza una guida e per di più di notte. Il divertimento è assicurato, sia per i bambini che per gli adulti.

Ho un'ultima cosa da dirvi su Fermo, e la prendo un po' alla lontana perché come al solito c'entra mio marito Luca, che ogni tanto mi racconta delle cose che non posso fare a meno di riferire anche a voi.

Lui definisce Fermo un paese... «fermo» (la battuta vien da sé, lo vedo che state sorridendo mentre leggete – sorridete davvero sennò ci resta male) e lo definisce in questo modo mica a caso, ma sempre per via della famosa, antichissima rivalità tra borghi che combatterono l'uno contro l'altro per centinaia di anni durante il Medioevo. Ma, non pago, Luca aggiunge anche: «*'Sti fermanelli c'ha pure rubbato nel lontano 1377*» (Questi fermani ci hanno anche derubato nel lontano 1377), che è l'anno in cui il Signore della Città di Fermo, Rinaldo da Mon-

La Cavalcata dell'Assunta **e il Palio**

Se la Contesa del Secchio è una delle rievocazioni storiche più antiche e note delle Marche, ecco che la Cavalcata dell'Assunta si fregia del titolo di rievocazione storica (basata su fonti scritte) più antica della Penisola, e si svolge in onore della patrona di Fermo, la Santa Maria Vergine Assunta in cielo. Il corteo religioso, rigorosamente a cavallo, prende avvio dalla porta di Santa Lucia e arriva alla cattedrale. Da qui, è un attimo che ci ritroviamo, nel giorno di Ferragosto, a tifare per le dieci Contrade (sei sono quelle storiche – San Bartolomeo, Fiorenza, Campolege, San Martino, Castello, Pila – e quattro quelle «foranee», aggiunte in seguito e che si trovano fuori dalle mura del centro storico – Capodarco, Torre di Palme, Campiglione, Molini Girola) che si contendono il Palio dell'Assunta, tradizionale corsa dei cavalli. Il percorso è lungo poco meno di novecento metri ed è… sì, dai, lo sapete. Tutto in salita. Per fortuna non dobbiamo gareggiare noi!

teverde (un ghibellino detestato da chiunque, in primis dai fermani), attaccò più volte la nostra Sant'Elpidio a Mare (ecco perché Luca, e mo' pure io, la prendiamo sul personale).

Perché? *C'avamo checcò che loro non c'haia* (Avevamo qualcosa che loro non avevano), ossia la reliquia della Sacra Spina di Cristo.

Rinaldo la volle a tutti i costi, la rubò e la affidò alla Chiesa di Sant'Agostino. Però, però... Qui viene il bello. In quel momento, Fermo possedeva anche un'altra spina (non nel fianco), che veniva custodita dall'ordine di San Domenico.

La Sacra Spina di Cristo, contenuta oggi nella Chiesa di Santa Lucia a Fermo, è aperta e visitabile nei venerdì e nelle domeniche di Quaresima e poi viene portata in processione durante la Via Crucis.

Il vescovo pensò che una delle due dovesse essere falsa, e così, d'accordo con il clero e la cittadinanza tutta, si convenne di accendere un rogo e gettare entrambe le spine in mezzo al fuoco. Sorpresa! Quella che era di Sant'Elpidio bruciò subito, mentre l'altra, quella che già era conservata a Fermo, rimase intatta: dunque ce l'aveva già Fermo la spina vera, noi di Sant'Elpidio avevamo... la versione contraffatta. Ora, che la storia del rogo sia vera o no, a me è piaciuta un sacco, e spero anche a voi. In ogni caso, la Sacra Spina di Cristo, contenuta oggi nella Chiesa di Santa Lucia a Fermo, è aperta e visitabile nei venerdì e nelle domeniche di Quaresima e poi viene portata in processione durante la Via Crucis.

Pasta Mancini
eccellenza marchigiana

Non so bene in quanti ne sono a conoscenza, ma le Marche sono una regione con una vocazione particolare per la coltivazione dei cereali e del grano in particolare. Inutile, pertanto, girarci intorno: quando nelle Marche nomini la pasta Mancini, tutti sanno di cosa si parla, e cioè di uno fra i migliori prodotti nostrani. Anche io ho imparato a riconoscere la qualità dei loro formati, sento proprio la differenza quando assaggio qualcosa di diverso, immagino che sia così anche per chi marchigiano non è e capita da queste parti en passant. Il Pastificio Agricolo Mancini, che si trova a Monte San Pietrangeli, in provincia di Fermo, assume un ruolo chiave nella storia dei pastifici italiani (e non solo), perché dietro il singolo prodotto, come spesso accade, si annida una vicenda famigliare molto affascinante: l'azienda agricola nacque ufficialmente nei lontani anni Trenta, più precisamente nel 1938, quando i Mancini, in sostanza, coltivavano il grano per poi venderlo a terzi (come da impostazione tradizionale economica del modello dell'azienda agricola), ma nel 2008 è arrivata la svolta. Venne fatto un investimento piuttosto importante per costruire uno stabilimento dove trasformare il grano dei terreni di proprietà dei Mancini in pasta, e, cosa ancora più significativa, proprio in uno dei campi di grano e non in una zona industriale come logica comune e convenienza vorrebbe. In pratica, la «loro pasta», in tutto e per tutto, che diventò definitivamente tale – dopo un periodo di prove e perfezionamento dei macchinari – a partire dal 2010. Investimenti, sacrificio, speranza, duro lavoro e un pizzico di «azzardosa lungimiranza» hanno fatto sì che quello che Massimo Mancini (il nipote del fondatore Mariano Mancini) aveva in prima battuta soltanto immaginato diventasse infine un progetto solido e duraturo, di grande successo a livello nazionale. Parlando con il team del pastificio, ho scoperto che è anche grazie alla preziosa collaborazione con l'agronoma genetista Oriana Porfiri che Mancini cerca e sperimenta nuove varietà di grano, e a tal proposito ecco che resto colpita da una bellissima chicca: dal 2020 nonno Mariano Mancini non è più soltanto un grande ricordo famigliare e di memoria imprenditoriale, ma è diventato... una pasta! Ebbene sì, la nuova varietà di grano duro sperimentata dal pastificio porta proprio il nome di «Nonno Mariano». Dopo un percorso di circa sette anni, questa varietà di grano duro è diventato un tributo alla storia dell'uomo che ha ispirato il progetto di Mancini Pastificio Agricolo. Questo grano è acquistabile, tra le altre cose, da qualunque agricoltore, è un grano, effettivamente, «di tutti». Le Marche sono davvero molte cose insieme, e sono anche ottima cucina e ingredienti di prima qualità, ma soprattutto una regione fatta di persone autentiche che con umiltà, grandi sogni e fatica vera non smettono di credere nelle proprie passioni e fan di tutto per trasformarle in cose concrete. La storia della famiglia Mancini è proprio questo: una storia di trasmissione di valori, di amore per la campagna, e di una eredità non solo materiale ma che si trasforma in un insegnamento concreto, oltre che immaginifico.

Torre di Palme e la Grotta degli Amanti

Credo sappiate molto meglio di me che l'Italia è uno di quei Paesi che vive di storie, raccontate e scritte, e vive molto anche di suggestioni. In particolare, il Centro e il Sud Italia sono affascinanti soprattutto per le leggende che si portano dietro, legate spesso a personaggi dell'antichità come quelli di cui abbiamo accennato nei paragrafi dedicati ai castelli.

Torre di Palme, che non è che un piccolo borgo medievale in provincia di Fermo (lo raggiungete comodamente in quindici minuti di macchina partendo da piazza del Popolo), racchiude un po' tutto: la bellezza, la narrazione (non di una vera leggenda, in questo caso), l'amore e un ristorante spettacolare di cui parlerò a breve. Diciamo che può farsi portavoce di ciò che le Marche, pur nella loro vastità e complessità, potrebbero rappresentare per chi le raggiunge da fuori per la prima volta. Beninteso: Torre di Palme, in questo senso, non è mica «l'assoluto», né potrebbe condensare, nel suo piccolo, il senso intero di una regione tanto variegata, ma è di certo un buon compromesso fra le parti e uno di quei paesini accoglienti e affascinanti che ti fa sentire subito a casa.

Torre di Palme guarda il mare dall'alto della collina

su cui è arroccato, e i suoi vicoli, con quelle buganvillee che sbucano a tradimento per rendere il tutto ancora più fiabesco, invitano i turisti a fotografarli per postarli subito dopo su Instagram (sono vittima anch'io dell'«instagrammabilità», ebbene sì). Passeggerete lungo silenziose viette, circondati da edifici in mattone chiaro con vasi di fiori coloratissimi a ogni angolo; bar e caffè con tavoli e sedie in vimini e paglia, che guardano direttamente sulla strada; e poi balconi e terrazzamenti, che di giorno vi faranno venir voglia di scendere al mare e di notte vi regaleranno uno spettacolo meraviglioso, fra il cielo stellato e le illuminazioni dei paesi sottostanti. Quanto romanticismo in un solo borgo.

Moresco

Quanti «borghi più belli d'Italia» avete contato, finora? Ecco, per le Marche aggiungiamo anche Moresco, che è una puntina di diamante. Poco più di cinquecento abitanti collocati in una cittadina che, vista dall'alto, complice anche la sua forma ovoidale, sembra un enorme castello. E invece no, è un borgo vero e proprio racchiuso nella cinta muraria al cui interno troverete vie molto strette e un'unica, deliziosa piazza. Il simbolo di Moresco è la torre eptagonale, ma se c'è qualcosa che, una volta arrivati qui, non potete assolutamente perdervi è lu teatrì *(il teatrino), ovvero il Teatro Santa Sofia che si trova all'interno dell'ex Chiesa Santa Sofia (tutto restaurato nel 2005) e che vanta un affresco della scuola di Crivelli risalente al Quattrocento e altri affreschi della scuola veneziana risalenti al Seicento. Oltre, poi, alla Chiesa di San Lorenzo e Nicolò, patroni di Moresco, il mio consiglio è di visitare il Santuario della Madonna della Salute, una cappella piuttosto piccola con una cupola a diamante in bugnato che è davvero un plus. Vale per Moresco così come per la maggior parte dei piccoli borghi marchigiani: visitandoli e tornandoci più volte, ho imparato che «piccolo» non è mai sinonimo di «piccolo e basta», ma fa quasi sempre il paio con «straordinario», perché tanta della bellezza marchigiana passa attraverso i dettagli, lo scorrere immutato del tempo e la sensibilità dell'occhio che la osserva per rintracciare i segni di una tradizione silente ma sempre nuova.*

E proprio d'amore – ma non solo... – mi toccherà parlarvi mentre vi immagino addentrarvi in quel di Torre di Palme. Lo vedo che state aspettando la storia dei due amanti, e a dirla tutta potremmo quasi chiamarli i Romeo e Giulietta marchigiani, perché un po' di presunzione a volte non guasta, no? Ma a differenza di Shakespeare che la storia se l'è inventata, qua parliamo di qualcosa accaduto realmente.

Torre di Palme guarda il mare dall'alto della collina su cui è arroccato, e i suoi vicoli, con quelle buganvillee che sbucano a tradimento per rendere il tutto ancora più fiabesco, invitano i turisti a fotografarli per postarli subito dopo su Instagram.

I giovani in questione si chiamavano Antonio e Laurina, ed era il 1911 quando Antonio, impegnato nelle guerre coloniali, prese alcuni di giorni di licenza per tornare a casa e rivedere finalmente la sua bella fidanzata. La felicità, però, era destinata a durare poco, perché mentre i ragazzi progettavano di sposarsi, Antonio venne chiamato a combattere in Libia. Per sottrarsi a questo triste destino, i due innamorati fuggirono avventurandosi nel Bosco del Cugnolo, che offrì loro, fin da subito, una serie di nascondigli strategici. Individuarono infatti un antro scavato nel tufo che potesse fungere da riparo, e che poi verrà chiamata per l'appunto «Grotta degli Amanti». Antonio, però, non era diventato altri che un disertore in piena regola, e non solo: anche Laurina avrebbe avuto una sorte segnata, poiché con quel gesto aveva disonorato l'intera famiglia. Per poco più di una settimana i ragazzi si ostinarono a non tornare sui loro passi, ma fu presto chiaro che non avrebbero avuto via di fuga e che se Antonio fosse stato catturato lo avrebbero certamente ucciso. Decisero allora di compiere un gesto tanto romantico quanto tragico: si legarono con uno scialle l'uno all'altra e poi si gettarono dal Fosso di San Filippo, alto circa settanta metri, trovando la morte.

Al netto di questa storia che poi si è trasformata in qualcosa di più di un semplice fatto di cronaca, contribuendo a mistificare l'atmosfera del borgo e a renderlo quasi misterioso, il Bosco del Cugnolo di Torre di Palme resta oggi uno degli ultimi ruderi della macchia mediterranea perfettamente conservato – anche grazie al tipo di terreno, non adatto alla coltivazione e che per questo gli ha permesso di tenere lontana la mano dell'uomo. Potete però addentrarvici, seguendo i paletti di legno disseminati nel terreno che vi aiuteranno a intraprendere un'escursione che vi porterà dritti alla Grotta degli Amanti.

Il borgo è piuttosto piccolo, lo girerete in tutta calma nel giro di qualche ora, e se avete modo vi invito a visitare il Palazzo dei Priori, chiaramente molto più contenuto rispetto a quello di Fermo, la Chiesa tardo gotica di Sant'Agostino (dove spicca anche un polittico di Vittore Crivelli) e la Chiesa di Santa Maria a Mare.

Campofilone e quelle tagliatelle **da leccarsi i baffi**

Restando ancora nella provincia di Fermo, vi accompagno in un borgo piuttosto piccino, che non raggiunge i duemila abitanti ma che ha una cosa che ci invidiano ovunque: i maccheroncini, ossia spaghetti finissimi, rigorosamente all'uovo, in grado di cuocersi nel condimento, e con una capacità di assorbimento e resa elevatissime. Sto parlando di Campofilone, che ergendosi sulle colline marchigiane e dominando la Valle dell'Aso produce una pasta all'uovo confezionata a mano dalle donne del paese talmente buona che non potrete dimenticarla facilmente. Questa tradizione centenaria delle massaie locali è diventata un vero e proprio business, e l'azienda più antica, certificata, è quella di Enzo Rossi – presidente di La Campofilone Srl – che cura le materie prime selezionandole con estrema attenzione. Ho avuto il piacere di conoscere e incontrare Enzo, che mi ha ospitata nel suo pastificio mostrandomi con orgoglio tutto il processo di produzione e confezionamento della pasta, ma non solo: mi ha fatto assaggiare perfino la pasta fatta proprio con le sue mani! Una bontà che non so descrivervi a parole. Tuttavia, se di onestà vogliamo parlare, devo anche raccontarvi questo aneddoto di cui... beh, non vado particolarmente fiera, lo confesso, ma siccome sono una donna sincera… Qualche tempo fa, precisamente nel 2022, partecipai come concorrente al programma di Alessandro Borghese in onda su Tv8, Celebrity Chef, *uno show culinario in cui mi sarei dovuta cimentare nella preparazione di un mio piatto forte sfidando la mia amica Roberta Capua. Ora, partiamo da qui: un «mio piatto forte»? In che senso, visto che non so cucinare? L'inizio non era dei più promettenti ma – e qui arrivano le amate Marche in mio soccorso – ero sicura che avrei comunque fatto una bellissima figura perché avevo con me le famose tagliatelle di Campofilone. Nonostante la difficoltà, mi sentivo la vittoria quasi in tasca. Avevo però sottovalutato un aspetto non da poco, e cioè che queste tagliatelle andavano condite. Beh, mi sono detta, che ci vuole a fare un ragù? La russa molto ingenua che abita in me non aveva capito che mi sarei cimentata con uno dei sughi più complessi, alla faccia della semplicità! E quindi, per farla breve, non solo ho perso ma devo ammettere che quel sugo faceva veramente pietà… Per fortuna le tagliatelle, almeno loro, non mi hanno tradito!*

Se al termine della gita, però, vi sarà venuto un certo languorino – l'aria di mare, lo sanno tutti, mette appetito – e magari si sarà già approssimata l'ora della cena, non posso non suggerirvi un posto magico. Speciale. Unico. Da fiaba (inserite altri aggettivi stupefacenti a vostro piacere, perché quello che sto per presentarvi li merita tutti).

Al ristorante Lu Focarò – gestito da una donna dolcissima, carismatica e molto ospitale, Patrizia, con cui chiacchieriamo sempre a fine cena perché sa intrattenere gli ospiti con il suo garbo e la sua cultura; dite che vi mando io, uno sconticino secondo me ve lo farà... – la prima cosa che troverete saranno tante luci, piccole come le lucciole, che arricchiscono le pareti del locale quasi a ricreare l'effetto «cielo stellato». Nei mesi invernali, poi, il calore di queste salette, col loro fascino antico, il grande camino con le vecchie valigie adagiate all'interno, i tappeti coloratissimi e le antiche porcellane in bella vista sistemate dietro vetrinette di mobili in stile shabby chic vi faranno sentire in famiglia ma al tempo stesso in un lussuoso luogo senza tempo, o meglio: in cui starete talmente bene che perderete la cognizione del vostro tempo.

Ho festeggiato qui diversi compleanni, insieme a Sasha e a mio marito Luca, e di una cosa sono certa: la genuinità della cucina marchigiana, anche quando è rivisitata, non si smentisce mai.

Chicca non da poco: se capitate da queste parti in estate, chiedete di allestirvi un tavolo nella parte esterna del ristorante. Vi sembrerà di essere dentro a una favola Disney, completamente immersi nella notte stellata marchigiana mentre osservate il mare scuro sotto di voi (okay, forse quello si vede poco, ma lavorate di immaginazione) e i paesi illuminati come fossero un presepio.

Petritoli

Ci troviamo ancora in provincia di Fermo, ma non potevamo lasciarla prima di segnalare questo delizioso borgo che porta il nome di Petritoli (chiamato anche dai marchigiani il «borgo dei matrimoni», perché viene spesso scelto dalle coppie per celebrare un momento magico del loro percorso). Quando mio marito Luca mi ha accompagnato a visitarlo per la prima volta, non appena il sindaco Luca Pezzani l'ha saputo ci è venuto incontro con una gioia incredibile, ansioso di mostrarci tutte le bellezze della sua cittadina. La caratteristica di questo luogo in cui l'impronta medievale si respira forse addirittura più che in altri, è senza dubbio l'ingresso – una ricostruzione dell'antica porta a tre archi gotici, sorretti da torri cilindriche di epoca quattrocentesca – e poi la Porta Petrania, che vedrete subito dopo aver superato la piazzetta iniziale. Per apprezzare davvero la bellezza antica di questo borgo, beh, neanche a dirvelo… dovete andarci. Camminare per le sue stradine senza tempo, arrivare a Borgo Vecchio, che è la zona più tipica di Petritoli, e osservare, toccare perfino, la cinta muraria assolutamente ben conservata, per ammirare infine il belvedere che dà sulla vallata, è davvero un'esperienza che vi consiglio di fare. Oltre a quella di riempirvi gli occhi con la bellezza della facciata del meraviglioso Palazzo Vitali Rosati, in stile gotico-veneziano fiorito (non a caso, vi sembrerà di avere un pizzico di Venezia nelle Marche!). A Petritoli troverete anche la Chiesa di Santa Chiara e l'ex Convento delle Clarisse (in cui vi imbatterete in una mostra permanente sulla Grande Guerra), risalenti entrambi ad epoche cinque-seicentesche, e il Santuario della Madonna Liberata, eretto in cima a una collina e al cui interno c'è un'acquasantiera che prima di diventare tale fu... un cippo funerario romano! Il sindaco, però, alla fine del nostro piccolo ma intenso tour, ci ha mostrato anche altre due chicche che definirei quasi scenografiche: prima siamo saliti in cima alla Torre Civica che si trova in piazza Rocca, e da lì «abbiamo dominato» un panorama collinare e verdeggiante, tipicamente marchigiano, davvero da sogno; poi ci siamo spostati in un luogo delizioso, il Teatro dell'Iride, costruito dai più talentuosi artigiani locali, dunque marchigiano DOC al cento per cento, e che risale alla seconda metà dell'Ottocento. Durante la visita, vedevo proprio negli occhi del sindaco l'orgoglio per i suoi territori d'appartenenza, e mi ha trasmesso un entusiasmo davvero raro!

4 Da *Macerata* a *Montefortino*

Ore 8:00

Partenza da Macerata (in circa 55 minuti di auto sarete ad Amandola)

Ore 9:00

Arrivo ad **AMANDOLA**, passeggiata rilassante nel centro storico

Ore 10:30

Arrivo a **SARNANO** con tappa obbligatoria alle cascatelle!

Ore 12:30

Pranzo tipico. Opzione numero uno: *Trattoria Sarnano*, con specialità locali come i vincisgrassi o il ciauscolo. Opzione numero due: picnic con prodotti locali in un'area verde vicino a Montefortino

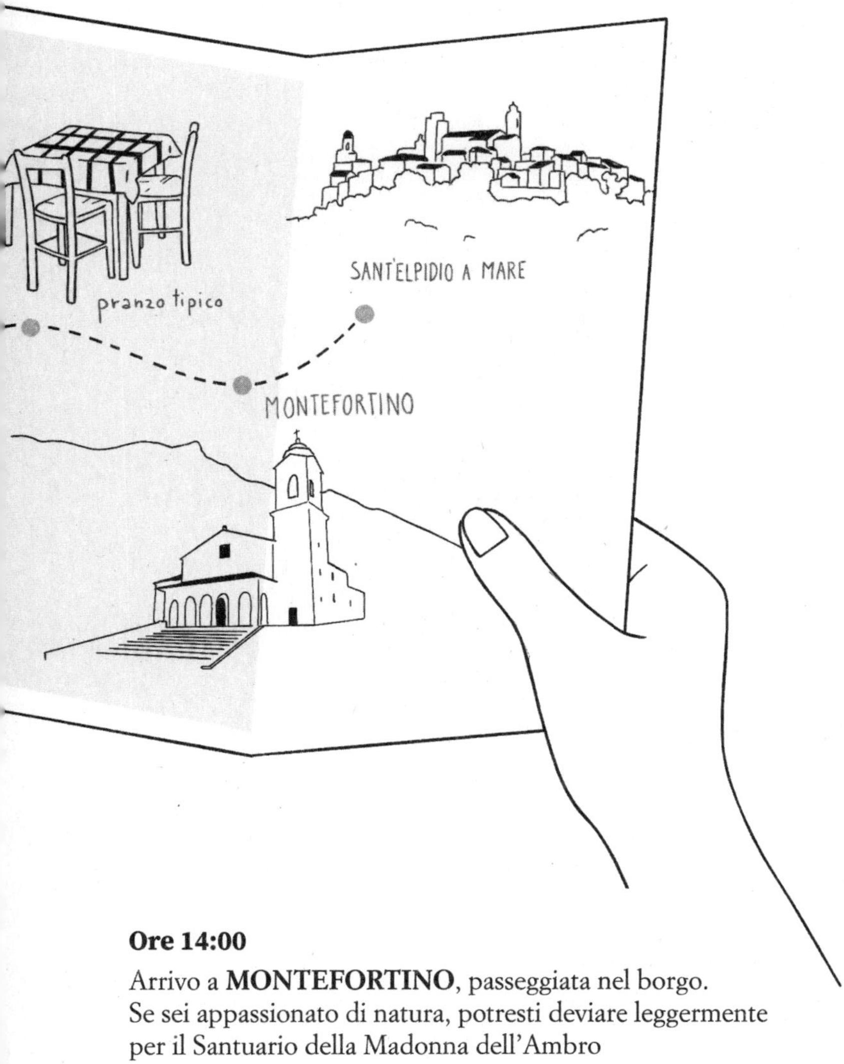

Ore 14:00

Arrivo a **MONTEFORTINO**, passeggiata nel borgo.
Se sei appassionato di natura, potresti deviare leggermente per il Santuario della Madonna dell'Ambro

Ore 17:30

Rientro a Sant'Elpidio a Mare; puoi concludere la giornata con una cena tipica presso la *Locanda dei Matteri*, oppure *Osteria dei Ponti Oscuri*, oppure *Mezzo Dì*

Macerata e le sue meraviglie

Un'altra grande provincia delle Marche «zozze» è Macerata, città universitaria e soprattutto madre di bellissimi teatri, nonché scenario del famosissimo Macerata Opera Festival.

Anche qui, mettetevi l'anima in pace perché il saliscendi è più che certificato. Certo, se avete seguito l'itinerario suggerito fino a questo punto del libro, direi che a quest'ora sarete più che allenati.

Credo che Macerata sia una cittadina di cui ti innamori con il tempo, mentre inizi a viverla; forse non il classico colpo di fulmine ma, a poco a poco, ecco che la vedi crescere sotto le tue mani (anzi, sotto i piedi con cui calpesterai le sue belle vie antiche), complice la voglia che infonde di prendere parte ai suoi eventi culturali e anche agli apertivi europei, che si svolgono ogni anno nel periodo primaverile e che vedono la partecipazione di tantissimi studenti.

Non so da dove cominciare per descrivervi Macerata, e quindi procedo come ho fatto finora, a sentimento, che è l'espressione che mi piace di più (e che, diciamolo, ci salva da qualunque cosa: l'ho fatto «a sentimento», e sei sempre giustificato).

Il pezzo forte di questa città, che conta oggi quasi

quarantunomila abitanti – ci stacchiamo dunque, almeno per un attimo, dai borghi più piccoli – a mio avviso è il Teatro Lauro Rossi, una vera eccellenza. Nel Settecento, al posto del teatro c'era il vecchio Palazzo comunale, che però – un po' come dicevamo per il Palazzo dei Priori di Fermo – ospitava già la Sala delle Commedie, attiva comunque fino al 1662. Poi cos'è successo? Che nel 1765 alcuni nobili di Macerata si mobilitarono per trasformare il municipio in un vero teatro e così, nel 1774, nacque il Lauro Rossi, che tuttavia prese il nome del famoso compositore maceratese soltanto nel 1884.

Ciò che rende incredibile questo teatro, unico in Italia, è il fatto che si tratta della sola testimonianza marchigiana di teatro all'italiana, con i suoi stucchi e i finti marmi nei toni dell'argento-azzurro che «disorientano» piacevolmente i visitatori. Perché? Se ci appoggiate una mano sopra, aspettandovi di sentire il freddo del marmo, in realtà avvertirete solo il calore che viene dal legno! Sennò mica si chiamavano «finti marmi», no?

Ma le sorprese per quanto riguarda la parte strettamente artistica di Macerata non finiscono qui, anzi: siete mai entrati allo Sferisterio? Ecco, non sapete cosa vi siete persi – e dunque so che rimedierete prestissimo. L'ultima volta che ci sono stata risale a due estati fa, quando mi sono goduta lo spettacolo della *Carmen* di Georges Bizet comodamente seduta in platea. Eravamo in agosto, ma a un certo punto della serata ho preso il plaid – sì, avete capito bene, ce l'avevo proprio accanto al bracciolo, tanto che all'inizio mi sono chiesta a cosa potesse servire... – e mi sono coperta le gambe, perché di sera, allo Sferisterio, pure se di giorno ci sono stati quaranta gradi, tira sempre una corrente pazzesca!

Tenete presente che lo Sferisterio rappresenta uno degli esempi più importanti di architettura neoclassica, e venne inaugurato nel 1829 nonché finanziato dai Cento consorti. Chi erano? Cittadini maceratesi che desideravano una struttura in cui poter esercitare il gioco della palla a bracciale (che andava di moda a metà Ottocento, come va di moda ora il padel).

In pratica, alcuni cittadini volevano il teatro, questi altri volevano lo sferisterio, e alla fine grazie ai maceratesi (ok, quelli nobili, con più possibilità e voce in capitolo) la città ha acquisito due fiori all'occhiello non solo marchigiani ma addirittura nazionali.

Tornando a noi, qui dentro, ogni anno, si svolge dunque il Macerata Opera Festival, ma sapete qual è stata la prima opera lirica a esser messa in scena a Macerata? L'*Aida* di Giuseppe Verdi, la cui organizzazione all'interno dello Sferisterio si deve al conte Pier Alberto Conti, che diede voce al suo sogno facendo rinnovare l'ambiente dell'Arena Sferisterio con la costruzione di un palco molto più ampio. Nel 1921, quindi, un numero complessivo di oltre settantamila persone, venute da tutta la Penisola, assistettero a ben diciassette repliche dell'*Aida* di Verdi. Il successo fu così grande che il gioco prese la mano a tutti, e nel 1922 l'iniziativa venne replicata, questa volta portando in scena *La Gioconda* di Ponchielli.

Resto sempre colpita dagli inizi delle storie, da quel momento in cui qualunque tipo di avventura trova il punto di avvio e si dipana una magia che, come in questo caso, dura da centinaia di anni. Le Marche, col loro *modus vivendi* così discreto e apparentemente sottotono, talvolta anche guardingo, racchiudono – come ho imparato a capire con il tempo – una quantità incredibile di talenti venuti su dal nulla, da borghi minuscoli o da realtà circoscritte, e che ancora oggi vengono omaggiati e ricordati senza un eccessivo clamore. Solo con tanta ammirazione e gratitudine da parte di tutti.

Sempre allo Sferisterio, ogni anno si svolge anche il festival musicale Musicultura, che nasce trentacinque anni fa col nome di «Premio Città di Recanati», salvo poi cambiare volto nel 2005 quando si trasferì a Macerata. Si tratta di un vivacissimo festival dedicato alle nuove promesse del cantautorato, al quale ho potuto partecipare anch'io nel ruolo di presentatrice assieme a Enrico Ruggeri, nel 2019. È stata un'esperienza emozionante perché per la prima volta mi sono goduta lo Sferisterio direttamente dal palco e non dalla platea. La ricordo come un'edizione pazzesca e di grandissimo successo.

Ciò che rende incredibile questo teatro, unico in Italia, è il fatto che si tratta della sola testimonianza marchigiana di teatro all'italiana, con i suoi stucchi e i finti marmi nei toni dell'argento-azzurro che «disorientano» piacevolmente i visitatori.

Se avete visitato il teatro e anche lo Sferisterio, significa che vi trovate proprio nel cuore di Macerata, al centro.

Quindi da piazza della Libertà – dove c'è anche la Torre Civica con l'orologio astronomico e un'antica sede della facoltà di Giurisprudenza nella quale si è laureato anche mio marito nel 1993 (forse sapete che l'Università degli Studi di Macerata è una fra le più antiche d'Italia, fondata nel lontano 1290, anno a cui risalgono le prime informazioni certe su un corso di diritto tenuto da tale Giulioso da Montegranaro) – proseguite lungo via Don Minzoni per svoltare, a un certo punto, in vicolo Buonaccorsi. Impiegherete tre minuti scarsi a piedi.

Ristorante Misidia
a Ripe di San Ginesio

Dopo tutto quello che avete visto a Macerata, vi sarà venuta di nuovo fame, no?
Magari si è anche fatta ora di cena… E allora potete fare una bella cosa sperimentando un po' i dintorni del maceratese: mettervi in macchina e arrivare, in circa mezzora, a Ripe di San Ginesio (un borgo incredibilmente bello anche se piccolo, conta poco meno di ottocento abitanti! Un amore vero), dove troverete il ristorante Misidia, un locale frizzantino e arredato con uno stile ultra pop anni Settanta, pieno di quadri sgargianti e lampadari piuttosto vistosi.
L'accoglienza e la cura del cliente non fanno difetto in questo ristorante che è posizionato proprio nel cuore del centro storico, e in cui i piatti, che seguono con rigore la stagionalità degli ingredienti primari, si uniscono all'originalità dello chef per offrirvi una combinazione di sapori unica nel suo genere.
Consigliatissimo a chi vuole coccolarsi un po' dopo una giornata faticosa o dopo un tour marchigiano «à la Stefanenko».

Ecco, una volta arrivati, entrate a Palazzo Buonaccorsi, che è la sede dei Musei Civici di Macerata, e vi si aprirà un mondo, come è successo a me.

Tra i musei più particolari (nato nel 1962) c'è quello della carrozza, che si trova nei locali sotterranei e ospita una collezione di ben ventiquattro veicoli, a testimonianza dell'evoluzione del mezzo di trasporto a partire dalla fine del Settecento fino ad arrivare agli inizi del Novecento. Quello che vi sto suggerendo non è solo un giro al museo ma un vero percorso attraverso cinque momenti, cinque tappe che si snodano così: «Il viaggio nell'Ottocento», «Fra città e campagna», «La carrozza sportiva» (una delle mie sezioni preferite), «Giocare con la carrozza», e «In carrozza!». Portate anche i vostri bambini, questo è un museo che avvicina i ragazzi alla Storia in un modo insolito e per questo più accattivante.

Poi, sempre all'interno di Palazzo Buonaccorsi, oltre alle collezioni di Arte antica e Arte moderna, potete trovare un'altra prestigiosa chicca, la grandiosa Galleria dell'Eneide, bella da togliere il fiato – secondo me, quando ci entrerete non potrete fare a meno di spalancare occhi e bocca di fronte a tanto spettacolo. Questa galleria è uno degli esempi più completi di decorazione tardo barocca che abbiamo nel Centro Italia, e il tema selezionato è ovviamente – come deducete dal nome – quello dell'*Eneide* (di memoria virgiliana), ossia delle vicende legate all'eroe troiano Enea. L'intero progetto, ve ne accorgerete guardando gli affreschi e i dipinti curati in ogni più piccolo dettaglio, ha lo scopo di esaltare le origini della casata della nobile famiglia maceratese e i suoi legami con l'antichità. L'affresco più grande, quello che scatenerà l'impatto «wow» anche perché occupa la volta a padiglione, è dedicato alle *Nozze di Bacco e Arianna*, mentre i dipinti lungo le pareti – dodici in tutto – raffigurano, per l'appunto, le gesta di Enea.

Insomma, Palazzo Buonaccorsi è una risorsa preziosissima per la città di Macerata e un polo d'attrazione turistica fondamentale, soprattutto se, come me e Luca, quando visitate posti nuovi non avete soltanto voglia di fare un giro per le piazze o nei locali più o meno alla moda, ma avete soprattutto la curiosità di scoprire l'anima del luogo che vi sta ospitando.

All'interno di Palazzo Buonaccorsi,
oltre alle collezioni di Arte antica
e Arte moderna, potete trovare
un'altra prestigiosa chicca,
la grandiosa Galleria dell'Eneide,
bella da togliere il fiato.

Parlando di anima, Macerata, per me, ne ha davvero mille, non solo antiche ma anche moderne, che convivono perfettamente e restituiscono, anche a me che italiana non sono, il gusto di scoprire le Marche con lentezza, scovando scorci di storia, di cultura e di vita vera a ogni angolo.

Ecco perché, ora, vi porto nel mio ultimo posto speciale – ma non ultimo per importanza! – che ho scoper-

Lame Rosse e lago di Fiastra, la bellezza (inter)nazionale **delle Marche**

Sembra di stare in un altro mondo, letteralmente. Anzi, no. Sembra di stare proprio al di fuori dell'Europa, un paesaggio a metà fra quello americano dei grandi parchi e quello della Giordania o della Turchia. In realtà siamo sempre e ancora nelle Marche, all'interno del comune di Fiastra, in provincia di Macerata. Se volete vivere un'esperienza all'insegna della natura ma dal sapore internazionale, siete nel posto giusto, perché un giro alle Lame Rosse e al lago di Fiastra non potete assolutamente lasciarvelo sfuggire (se poi amate il trekking, amiche e amici, mi ringrazierete proprio). Ma cosa sono le Lame Rosse? Un fenomeno del tutto naturale ma molto particolare, ossia formazioni a forma di piramide con pinnacoli dal colore rossiccio, una sorta di «guglie» di roccia, insomma, prive della parte superficiale calcarea (per via dell'erosione dovuta agli agenti atmosferici). Vabbè, fate prima a googlare *qualche foto. Comunque, uno spettacolo senza precedenti nascosto tra i Monti Sibillini e che si raggiunge esclusivamente a piedi. Il vostro cammino inizierà lasciando l'auto (ricordate? Qui è sempre una questione di macchina!) vicino al bellissimo lago di Fiastra, ma segnatevi queste due accortezze: la prima è che dovete arrivare presto, altrimenti il parcheggio ve lo scor-*

date, e la seconda è che... d'estate soprattutto, eviterei le ore più assolate e indosserei un abbigliamento adatto al trekking. Il percorso, una volta superata a piedi la diga del lago, proseguirà a un certo punto nel bosco di lecci (non solo bello ma anche più fresco!); certo, non si tratta di una roba troppo difficoltosa se non nell'ultimo tratto, che è proprio in salita, ma a quel punto sarete arrivati. Se siete allenati, però, è meglio, ve lo dico già. La fatica verrà ripagata al duecento per cento non solo dallo scenario impareggiabile delle Lame Rosse ma anche dallo stupefacente lago, che sembra finto da quanto è bello.

to piuttosto recentemente. Il fatto è che sì, vivo nelle Marche da tantissimi anni, ma di alcune città scopro i segreti a poco a poco, con l'intenzione di volerli gustare senza fretta per paura che si esauriscano!

Se la biblioteca di Fermo mi aveva rapito il cuore, la Biblioteca Mozzi Borgetti di Macerata mi ha rubato tutti i sentimenti! Chissà in quanti di voi l'hanno già sentita nominare, forse non tantissimi nonostante sia una delle maggiori biblioteche delle Marche, con i suoi quattrocentomila pezzi tra incunaboli, carte geografiche, manoscritti e fondi giuridici. La biblioteca, prima di avere questa funzione, era un Collegio dei Gesuiti, e dopo corposi restauri aprì ufficialmente le sue porte nel 1787, a seguito delle cospicue donazioni da parte dei fratelli Mozzi. Ma è solo nel 1855 che la Biblioteca Mozzi sarebbe diventata a tutti gli effetti Mozzi Borgetti, e cioè quando il fondo dei Mozzi e quello del padre domenicano Tommaso Maria Borgetti (ossia la Libreria Borgetti) si unirono a formare un unico corpo.

Oltre a una parte «moderna» della biblioteca – quella del piano terra, ben visibile da fuori grazie alle ampie vetrate e frequentata da studenti e lettori sia fissi che occasionali – ci sono tre sale che, però, giocano a fare le timide, per questo i visitatori non sempre possono accedervi.

Nascosta nel piano terra – vabbè, nascosta si fa per dire eh… – c'è la Sala Castiglioni, in cui i libri dominano la scena, per via del gran numero di copie antichissime da cui vi troverete circondati. Direte voi, beh, siamo in una biblioteca, cara Natasha, cosa pensavi di trovarci se non libri? E invece no! O meglio, non solo.

Tra i musei più particolari c'è quello della carrozza (nato nel 1962), che si trova nei locali sotterranei e ospita una collezione di ben ventiquattro veicoli, a testimonianza dell'evoluzione del mezzo di trasporto a partire dalla fine del Settecento fino ad arrivare agli inizi del Novecento.

Perché la biblioteca vi stupirà anche con qualcos'altro, per esempio con la Galleria degli Specchi, al secondo piano, che è davvero superlativa: la trama narrativa di grottesche di matrice raffaellesca e stile pompeiano rende l'ambiente maestoso e ancora più ricco, e questa ricchezza viene resa ancora più dinamica dalle quadrature dei soffitti di cui si occupò personalmente il pittore maceratese Vincenzo Martini. Questa galleria viene sì chiamata «degli Specchi» proprio per la presenza di numerosi specchi antichi, ma è denominata anche Galleria Traversa per la sua particolare posizione perpendicolare rispetto a quella longitudinale dell'edificio.

C'è poi un'ultima stanza, questa davvero «segreta» (se riuscite a entrare, consideratelo un piccolo grande traguardo, poiché solitamente è chiusa al pubblico!), che si trova al quarto piano dello stabile. Dalle grandi vetrate di questa sala potrete godere di uno spettacolo mirabile sui tetti della città.

Se non vi ho fatto venire voglia di visitare Macerata, ragazzi, non so più che dirvi, ma posso giocarmi un'ultima carta: se dovesse venirvi fame, ma proprio una di quelle fami impellenti che dovete mettere a tacere subito, vi consiglio di andare alla trattoria Da Rosa, che trovate proprio a quattro minuti a piedi da Palazzo Buonaccorsi, oppure, sempre a cinque minuti a piedi dal palazzo, trovate anche il ristorante Vere Italie. Ottima cucina marchigiana in locali eleganti e curati, ma soprattutto molto accoglienti.

Non si chiamano Marche se non c'è Giacomo Leopardi

«Nei disperati miei tormenti,/ nel chiasso della vanità,/ tenera udivo la tua voce,/ sognavo i cari lineamenti.»

Beh? Ci voleva o no un po' di poesia, in questo libro? Non guardatemi così, non inizierò a declamare versi leopardiani anche perché, a memoria, non li ricordo, ma posso proporvi, come avete appena letto, una traduzione dal russo dei versi di uno dei miei poeti preferiti, Aleksàndr Puškin.

Per un attimo avete creduto che quelle parole appartenessero a Giacomo Leopardi, non è così? In effetti, a ben vedere, parlando di tormenti e d'amore questi due poeti potrebbero quasi essere l'uno lo specchio dell'altro, oltretutto hanno in comune perfino l'anagrafe: sono nati a distanza di un solo anno e sono morti nel medesimo, il 1837.

Addirittura, quando sono arrivata in Italia per poi trasferirmi nelle Marche, una delle prime cose che mi hanno detto è stata: «A Recanati abbiamo il più grande poeta d'Italia». E io lì per lì ho pensato: «Ma perché, Dante era marchigiano? Non mi pare...». Quando mi hanno spiegato che si trattava di Leopardi, incuriosita ho cercato qualche ritratto su Google. Oh, andate a vederlo e ditemi se non è quasi identico al mio Puškin! Sembrano fratelli! Toh, diciamo cugini di primo grado.

Da lì ho capito che una prima grande connessione Marche-Russia stava mettendo radici.

Palazzo Leopardi è a tutti gli effetti una casa-museo privata, dove Giacomo nacque e visse assieme a tutta la famiglia, e ancora oggi i suoi discendenti abitano una parte della struttura.

Ho aspettato un po' a portarvi a Recanati perché volevo replicare la mia esperienza: ne ho tanto sentito parlare ma ci sono venuta per la prima volta parecchio tempo dopo. Ora, però, eccoci finalmente qua, con quel briciolo di emozione che provo sempre di fronte a qualcosa che non mi appartiene per nascita ma che ho fatto mio, nel vero senso della parola, nel corso del tempo, interiorizzandolo sempre di più.

Vi catapulto ancora una volta direttamente nell'anima del posto, che non può che essere Casa Leopardi.

Palazzo Leopardi è a tutti gli effetti una casa-museo privata, dove Giacomo nacque e visse assieme a tutta la famiglia, e ancora oggi i suoi discendenti abitano una parte della struttura. Non scenderò nei dettagli soltanto perché spero che possiate davvero visitarla dal vivo, ma non posso esimermi dal dirvi quanto sia emozionante entrare nella biblioteca di questa casa, dove un giovanissimo Giacomo ha compiuto tutto il suo percorso di studi. L'aria che si respira in questo ambiente non è facilmente descrivibile, perché è talmente pregna del genio marchigiano che solo calpestandone il suolo potrete capire di cosa parlo. Non so perché mi accende così tanto di entusiasmo, ma resta uno dei luoghi più mistici – al di là delle chiese e dei santuari – che io abbia mai visitato in tutta la regione.

Attenzione, però, amiche e amici appassionati di Leopardi, perché da cinque anni a questa parte c'è una bellissima novità per tutti noi: sono state aperte al pubblico, per la prima volta e dopo un accuratissimo restauro, le sezioni del piano nobile e gli appartamenti dove Giacomo Leopardi abitò con i suoi fratelli. Questo percorso prende il nome – altamente poetico! – di «Ove abitai fanciullo», in cui potrete accedere ai luoghi più intimi della casa, ai saloni di rappresentanza del palazzo, alla galleria con le sue collezioni d'arte e al giardino di «Le ricordanze».

Non vedrete, quindi, soltanto la piccola scrivania nella biblioteca, posizionata di fronte alla finestra che dà sulla piazza e da cui Leopardi, verosimilmente, osservava anche la ben nota Silvia, ma oggi potrete anche immaginarlo mentre fissa la luna e le vaghe stelle dell'Orsa dalla finestra della sua stanza, prendendo continua ispirazione per i suoi componimenti.

A disposizione del pubblico, oggi, c'è anche un'altra sorpresa, e cioè l'Orto sul Colle dell'Infinito, dato in concessione al FAI, nel 2017, dal Comune di Recanati, dal Centro Nazionale Studi Leopardiani e dal Centro Mondiale della Poesia e della Cultura «Giacomo Leopardi». È stata affidata alla Fondazione la gestione sia di una parte degli spazi del Centro Nazionale di Studi Leopardiani che la porzione di Colle conosciuta come Orto delle Monache. Si trova, com'è facilmente deducibile, a pochi passi dalla casa di Leopardi, ed è qui che – di nuovo, l'emozione cresce un po'! – il nostro poeta ambientò la sua più celebre poesia, *L'infinito*. Insomma, la visita all'Orto non è soltanto un arricchimento per gli occhi e per il fisico, non godrete soltanto di un paesaggio meraviglioso, ma è il culmine di un percorso filosofico e poetico che non dimenticherete più.

Preparatevi a un percorso per veri fan di Giacomo.

So che ora vi starete chiedendo: ma quindi Recanati è solo Giacomo Leopardi? La risposta è sì.

Sto scherzando! Certo che no. Vabbè, diciamo pure che quasi tutto, qui, ruota attorno alla sua personalità, perché ogni strada, ogni mattone e perfino i silenzi più profondi ci parlano di lui e ci ricordano i suoi versi (io, come dicevo, ho poca memoria, ma voi saprete fare di meglio). Ma devo fare una postilla mica da poco, in realtà: è vero che l'associazione Recanati-Leopardi è pressoché immediata, ma non dimentichiamoci – anzi, ricordiamolo più spesso, perché a dimenticarcelo facciamo in fretta, noi che recanatesi non siamo! – che questa cittadina ha dato i natali anche a un altro illustre personaggio della storia d'Italia, il famosissimo cantante lirico Beniamino Gigli! Segnate, mi raccomando, altrimenti dicono che la Stefanenko perde i pezzi per strada.

Recanati, però, viene anche definita «città del buon vivere», e non a caso.

La piazza, intitolata a? Indovinate? Bravi, a Giacomo Leopardi, è un po' il cuore artistico del borgo: qui ci sono gli eleganti portici del Palazzo comunale, la Torre del Borgo e soprattutto la Chiesa di San Domenico, famosa perché al suo interno troverete un affresco di Lorenzo Lotto, il suo unico, peraltro, realizzato nelle Marche.

Una volta che vi lascerete alle spalle piazza Leopardi per proseguire verso corso Persiani, vi imbatterete in una chiesa piccola ma con una chicca al suo interno. Sto parlando della Chiesa di Sant'Anna, dove è conservata una suggestiva riproduzione della Santa Casa di Loreto (vi ricordate?). Una domanda legittima potrebbe essere: «A che serve una riproduzione quando a pochi chilometri di distanza c'è l'originale?». Perché con questo intelligentissimo escamotage anche i malati che per vari motivi non potevano arrivare in pellegrinaggio fino a Loreto avrebbero comunque potuto adorare la Madonna.

Da qui, proseguendo per le viuzze di Recanati, sarà impossibile non trovarvi di fronte anche alla Cattedrale di San Flaviano, così come alla Fonte Battesimale, ma è dalla cattedrale che, proseguendo sempre in discesa, troverete la splendida Villa Colloredo. Risale al Cinquecento ed è oggi sede del Museo Civico e della Pinacoteca di Recanati, preziosa perché custodisce diversi oggetti (e opere) che appartengono di fatto alla storia del borgo, ma è sul retro del museo che dovete recarvi con il giusto entusiasmo: nessuno potrà negarvi una passeggiata nel Parco Urbano della villa, da cui potrete ammirare il fantastico – e ormai per voi consueto, se siete arrivati a leggere fin qui! – paesaggio dei Monti Sibillini.

Per chiudere in bellezza, però, non posso non tornare all'amatissimo Giacomo – che giustamente apre e chiude il nostro itinerario. Dopo che avrete ammirato la piazzola del *Sabato del villaggio*, la Torre antica del *Passero solitario* e la casa natale della madre di Giacomo, Adelaide Antici – il Palazzo Antici-Mattei, dove peraltro si unirono in matrimonio Adelaide e Monaldo Leopardi –, non vi resterà che gettare uno sguardo alla casa della sfortunata Silvia – che in realtà si chiamava Teresa Fattorini. Una targa ricorda la figlia del cocchiere di casa Leopardi, simbolo di giovinezza e di sogni infranti.

Siate onesti: questa sì che è una tappa che colpisce dritti al cuore.

Contrada Monacesca
e un Verdicchio da amare

Ci troviamo nell'entroterra di Matelica, e Contrada Monacesca può essere definita in un solo modo: luogo d'anima e di bontà. Quando ho parlato con Aldo Cifola, il proprietario della cantina Monacesca che produce un Verdicchio sensazionale, mi ha raccontato una storia famigliare bellissima, costellata di piccoli grandi successi. L'azienda esiste dal 1966 ed è stata fondata dal padre di Aldo, Casimiro, che all'epoca era in realtà impegnato nel settore calzaturiero ma che comunque, a un certo punto, decise di investire in uno dei territori in quel di Matelica. Si innamorò letteralmente del posto e acquistò quello che al tempo era solo un eremo semi diroccato, noto come «terra dei monaci»: ecco quindi Contrada Monacesca, da cui prende il nome la cantina. Questa contrada era nota perché nel Tardo Medioevo ospitò un insediamento di monaci Benedettini in fuga dai Longobardi: qui costruirono una chiesa e un piccolo ricovero, dove esercitavano le attività dell'agricoltura e della preghiera. Quando arrivò il padre di Aldo, però, c'erano solo rovine: non si scoraggiò e anzi, iniziò a piantare le vigne, senza avere tuttavia una grande consapevolezza di quel che sarebbe arrivato poi. All'inizio degli anni Ottanta, subentrò anche il figlio Aldo, che supportò questa attività forte della sua laurea in Scienze Agrarie (con specializzazione in viticultura ed enologia). Da qui prese avvio un progetto di valorizzazione di un territorio unico per le Marche: l'alta valle dello jesino è chiusa al mare e disposta a Nord-Sud, mentre le altre valli sono aperte all'Adriatico, e proprio per questo la vallata diventa magica. Questa completa chiusura al mare e la complicità di un terreno d'origine salmastra, rende questi vini particolarmente caratterizzati per acidità e mineralità (non a caso, mi spiega Aldo, questa conca nel Paleolitico era un lago salato!). Aldo fece in modo che questo bianco diventasse un bianco strutturato, da invecchiare, esattamente come accade ai migliori vini rossi; di sicuro, si è trattato di un progetto visionario per l'epoca! Un cammino, quello della famiglia Cifola, impreziosito anche da una serie di premi ricevuti in tutto il mondo, ma non solo (e qui arriva una bella chicca!). Grazie a questo Verdicchio, Aldo si è avvicinato a personaggi che mai avrebbe creduto di incrociare: dalla California, un cliente gli dice che il vino ha colpito nientemeno che Sharon Stone, la quale l'ha voluto per la sua festa di compleanno! La stessa cosa, poi, è avvenuta con Robert De Niro e Sylvester Stallone, che tra le altre cose è un fine intenditore di vini. Papà Casimiro ha potuto ammirare il grande successo di questa azienda, e sotto, sotto, dice commosso il mio amico Aldo, anche se suo padre apparteneva a una generazione di persone più chiuse, che sapeva dimostrare poco l'affetto ai figli, quando Aldo vinse uno dei riconoscimenti più prestigiosi nell'ambito vinicolo, il «Tre Bicchieri», Casimiro si aprì in un sorriso che ancora oggi suo figlio ricorda con un affetto difficilmente descrivibile a parole. Queste sono le storie che amo raccogliere, quelle che, ogni volta che qualcuno le racconta, capisci quanto amore, lavoro, caparbietà e dedizione si portano dietro: perché le famiglie marchigiane sono soprattutto questo, fadiga tosta *(fatica dura) e grande lungimiranza.*

Sarnano e le ciabattine gioiello

«*Quilli de Sarnà che venìa 'n Amannola e pinzìa de pomicià co'le donne nostre... 'ssi cafò! Qua 'n Amannola semo nobili, mica come 'ssi contadì*» (Quelli di Sarnano che venivano in Amandola e pensavano di baciare le nostre donne… che cafoni! Qui in Amandola siamo nobili, mica come questi contadinotti): mio marito Luca, che ha speso parte dell'adolescenza ad Amandola (come vi dicevo qualche paragrafo fa), definisce i sarnanesi… in questo modo. Sì, perché dovete sapere che tra paesi limitrofi, nelle Marche, la rivalità è atavica. Si scontravano già nel Medioevo e poi, molto più in là con i secoli, tra gli anni Settanta e Ottanta del Novecento, per i ragazzi la più grande conquista era trovare una fidanzata del paese vicino, quasi a voler «segnare» il territorio. Eh… Altri tempi.

Luca mi racconta che si spostavano facendo l'autostop o *co' lu muturì* (con il motorino) anche nel periodo invernale, incuranti del freddo pungente che gelava le mani, tanta era l'adrenalina della conquista. A quell'epoca, si sa, gli amori erano a chilometro zero, bastava sconfinare nel paese attiguo per trovarlo, mica come oggi… nostra figlia, per esempio, è fidanzata a Londra, ha la migliore amica a Roma e sua cugina a Milano.

Prima, c'era un'altra filosofia: com'è che si dice in Italia? «Moglie e buoi dei paesi tuoi»? Ecco, lo conferma anche mio marito.

Che poi ha sposato una russa. Okay.

Ma Sarnano, gelosie e scaramucce a parte, è un magnifico paese a pochi chilometri da Amandola che ha molto da offrire, anzi «molto molto di più», come direbbe il nostro amico Romano Rossi che a *Sarnà* (Sarnano) ci è nato. «Abbiamo un centro storico bellissimo» ci

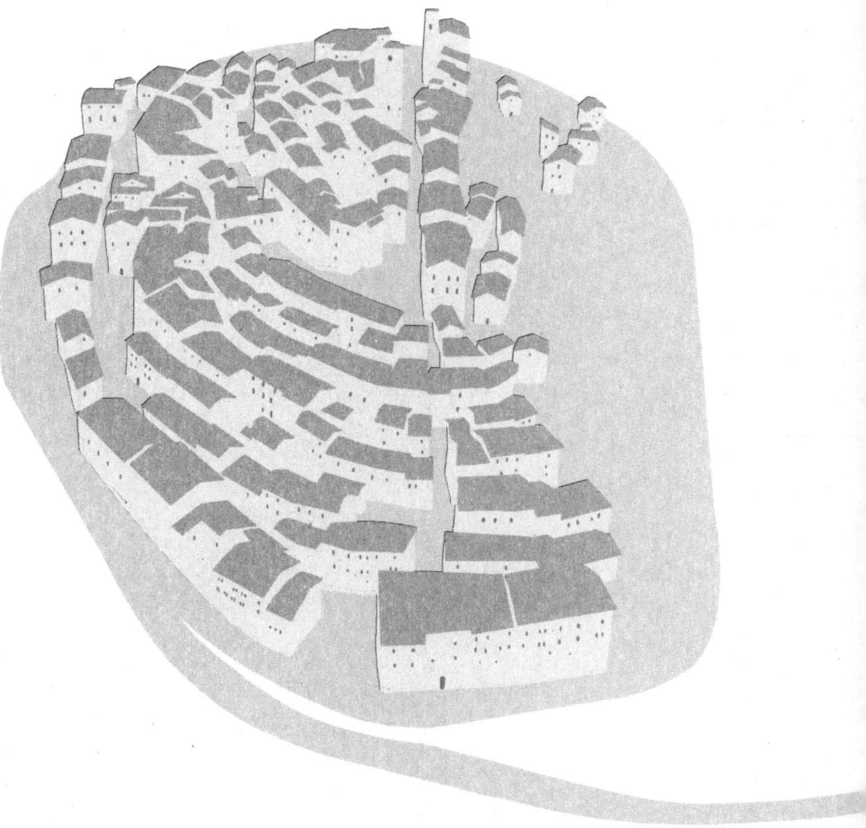

dice Romano, «siamo in una località turistica a due passi dai campi da sci, abbiamo le terme, il percorso delle cascatelle, ristorantini fantastici… invece *in Amandola non c'ha còsa* (ad Amandola non hanno niente).»

Ma non avevamo detto scaramucce a parte? Vabbè. Dicevo.

Le Cascatelle Perdute sono la vera chicca di Sarnano: un itinerario semplice ma un risultato finale da brividi.

Visto di notte, magari dall'alto con un drone, Sarnano sprigiona tutta la sua potenza magica, perché le antiche strade illuminate gli conferiscono un'aura davvero speciale: anche questo, non a caso, è uno dei «borghi più belli d'Italia». Tutto il centro è rigorosamente in mattoni e i Sibillini, lì attorno, regalano panorami mozzafiato. Ma non solo. A parte piazza della Libertà, la caratteristica del borgo sono le stradine che, soprattutto in estate e durante le rievocazioni storiche, prendono vita e si animano di turisti e grandi appassionati, offrendo un nuovo sguardo su questo luogo in cui il tempo sembra essersi fermato. In cima al paese c'è la piazza Alta, con la Chiesa di Santa Maria Assunta, il Palazzo dei Priori, quello del Podestà e il Palazzo del Popolo, dove oggi trovate il Teatro della Vittoria. Ma ciò che vi consiglio di visitare è soprattutto l'ex convento di Santa

Chiara, che ora è la sede della Pinacoteca e di alcuni particolarissimi musei, come il Museo dell'Avifauna e Flora degli Appennini, il Museo delle Armi Antiche e Moderne, il Museo di Arte Sacra e il Museo del Martello. Incredibile che un paese così piccolo – parliamo di poco più di tremila abitanti – abbia una concentrazione così alta di luoghi culturali! Ne resto sempre stupita (dovrei averci fatto l'abitudine, lo so, eppure...).

Ma torniamo a quel che ci diceva il nostro amico Romano: le terme e soprattutto le cascatelle. Questo sì che potrebbe interessarvi per un weekend all'insegna del relax e del divertimento.

A Sarnano trovate infatti la via delle Cascatelle Perdute, che è una vera e propria occasione da non perdere: l'itinerario è semplice e, una volta tanto, neanche troppo faticoso, ma il risultato finale è da brividi. Inizierete con le Cascatelle dei Romani e poi vi addentrerete nel bosco seguendo – tranquilli, non ci sarà il lupo a mangiarvi! – un itinerario molto ben definito e chiaro, che vi porterà al ponte di legno con cui potrete attraversare il torrente Tennacola. Dopo circa un'oretta di cammino arriverete alle Pozze dell'Acquasanta, chiamate così perché sono delle cavità di misura e profondità variabile (le cosiddette «marmitte») che si formano per via dell'erosione del fiume. Se aggiungete altri cinque minuti di camminata, dalle Pozze potrete facilmente arrivare anche alla Cascata del Pellegrino, senza dubbio la più suggestiva – sì, potete bagnarvi ovviamente, ma arrivate muniti di apposite scarpine!

L'avrete capito, alla fine Sarnano risulta più turistica di Amandola, e se al termine del vostro giro, come penso, vi verrà fame – soprattutto dopo essere stati alle cascatelle! – vi do un bel suggerimento: per una cucina tradizionale il posto giusto dove prenotare è La Marchigiana, ristorante storico appena fuori dal paese; se avete voglia di rimanere in centro ci sono invece Le Clarisse pronte ad accogliervi, oppure se avete voglia di un tradizionale rivisitato con creatività potete andare all'osteria Scherzi a parte, che si trova lungo la strada verso Sassotetto (dunque in direzione della montagna e delle piste da sci, dove peraltro potete divertirvi seguendo percorsi di trekking e con mountain bike affittabili in loco).

Un'ultima cosa vorrei condividere con voi sul borgo di Sarnano, non tanto perché può interessarvi come elemento turistico, quanto perché vi aiuterà a capire il mio legame con questo luogo. Qui, da ormai qualche tempo, io e Luca veniamo per discutere le nuove collezioni delle nostre ciabattine gioiello, che poi distribuiamo in tutto il mondo; è un progetto che fin da subito ci ha reso molto felici e che ci piace ancora di più perché trova a Sarnano, nelle Marche, la sua origine.

La Smart Trade SpA è la sede dove vengono idealmente studiate e progettate le collezioni, e loro sono i nostri soci di marchio; ecco perché questo borgo delizioso si è portato via un pezzetto del nostro cuore: qui nascono, con fatica e orgoglio, le nostre creazioni targate «L.A.WATER – Los Angeles Water».

San Benedetto del Tronto, Grottammare Alta e la Degusteria del Gigante

Prima di lasciare le Marche zozze, ovvero quelle del Centro-Sud, il consiglio, specie se arrivate in estate, è di regalarvi un paio di giorni di puro relax a San Benedetto del Tronto, famosa sopra ogni cosa per il bellissimo mare da bandiera blu e per il brodetto! Ci troviamo nel cuore della Riviera delle Palme, dunque un giretto in bici sul lungomare di San Benedetto (a Sambeneditt', *come dicono da queste parti, incrocerete anche la famosa costruzione «Lavorare, lavorare, lavorare preferisco il rumore del mare», che in una cittadina di tradizione marinara cade a fagiolo!) e poi una visitina a Grottammare Alta, un borgo incantevole che rientra di diritto nei più belli d'Italia e nel quale potrete anche salire in cima al Torrione godendo di un panorama fantastico sul mar Adriatico, non ve li possono togliere nessuno. Più poetica Grottammare Alta, che d'estate, di notte, assume un aspetto molto suggestivo con i suoi negozietti di ceramiche e i ristorantini romantici (io ho cenato spesso al ristorante panoramico Borgo antico, da cui potrete godere di una vista, grazie al vicino Torrione, davvero mozzafiato), più energica San Benedetto, che offre la possibilità di fare un salto al Museo del Mare (tre musei in uno: quello ittico, quello delle anfore e quello della civiltà marinara).*

Soprattutto San Benedetto, specie nel periodo estivo, diventa un luogo di movida non da poco, anche perché il lungomare e in generale questa riviera vengono considerati tra i più floridi e fervidi d'Italia, insomma, uno spettacolo. Tutti gli stabilimenti balneari offrono disco club, apertivi in spiaggia e occasioni di ritrovo e puro divertimento con gli amici e con chi amate. Un paio di piccole curiosità che forse vi sarà utile sapere: se dal lungomare procedete verso il porto, arriverete al «parchettino» di «Pin-Up»; lo individuerete subito, perché in questo spazio verde c'è una bellissima stella disegnata a terra. Cos'è «Pin-Up»? È il marchio di un nostro carissimo amico di famiglia, Jerry Tommolini, originario di San Benedetto, in cui troverete splendidi costumi da bagno, tra i migliori prodotti in Italia. Continuando poi la vostra passeggiata sul lungomare, in direzione Nord, si arriva al molo: ogni roccia che forma la barriera di contenimento del porto è stata scolpita da un artista diverso. Avete capito bene! Rocce bianche trasformate in una vera opera d'arte, qualcosa di unico nel suo genere. Però, però… su una cosa siamo proprio tutti d'accordo: il brodetto alla sambenedettese è imperdibile. Vi dirò di più: di recente ho scoperto che questo brodetto una volta veniva preparato direttamente sulle imbarcazioni dei pescatori con i pesci meno pregiati, e che addirittura la ricetta tradizionale di San Benedetto trova origine in un quartiere specifico, «u' labirinto», posizionato nel centro storico dove un tempo abitavano solo i pescatori. Se però volete fare un'esperienza culinaria ancora più particolare, e perché no, raffinata, vi consiglio di andare alla Degusteria del Gigante, in via degli Anelli, sempre a San Benedetto ma nella parte alta della città, dietro la Torre dei Gualtieri. Capirete subito che il locale è una dimora ottocentesca e che il menù, benché non sia così corposo, vi offre una scelta basata su grande qualità e soprattutto su freschissimi ingredienti di stagione. Sigismondo Gaetani, che ha dato vita a questo splendido posto, vi accoglierà raccontandovi nel miglior modo possibile il suo amato territorio, soprattutto se vi presentate a nome di Olly Vitangeli, nostro caro amico ed amante della cucina... quella vera! Un ultimo accorgimento: se amate la carne, questo ristorante, inserito anche nella Guida Michelin, vi stupirà.

Urbino e il fascino antico di Palazzo Ducale

Luca dice che è una città piena di discese, mia suocera Tania controbatte che invece è piena di salite, e alla sua età anche piuttosto faticose. Io credo che come sempre, anche in questo caso, sia una questione di punti di vista: nella vita non c'è salita alla fine della quale non inizi una dolce discesa. Ma filosofia e saliscendi a parte, Urbino è un luogo da ammirare con entusiasmo, nonché dichiarato patrimonio dell'Unesco nel 1998.

Questo meraviglioso centro rinascimentale è davvero qualcosa di speciale, che non potete assolutamente perdere; l'ho visitato diverse volte e ognuna è sempre come la prima, il suo fascino mi avvolge e mi sembra quasi di esserci nata, in questa regione che sa stupire a ogni passo.

Le piazze di Urbino, i vicoli, il duomo, la sua storia resteranno in eterno. Perdurano da secoli e avranno molto da insegnare ancora per tanti altri a venire. Penso sempre che se queste mura antiche potessero parlare, chissà quanti segreti avrebbero da svelarci. Famosa per essere una delle città universitarie più antiche del mondo è nientemeno che la città natale di Raffaello, uno dei più grandi pittori e artisti di ogni tempo.

A proposito di Raffaello, io un saltino a casa sua lo farei, fosse anche solo per due chiacchiere e un tè (mi sa che l'espresso non lo conosceva, meglio evitare): la sua casa natale oggi è un museo che potete visitare per farvi un'idea di chi fosse quel Raffaello che conosciamo tutti come uno dei talenti più studiati nel mondo, ma che è stato anche – esattamente come Leopardi! – prima un bambino, poi un adolescente e solo dopo l'artista che si è reso famoso ovunque. Come ha scritto Carlo Bo (saggista e critico letterario che fu anche rettore dell'Università di Urbino), in questa casa Raffaello «ha imparato la divina proporzione degli ingegni, soprattutto ha imparato il valore della filosofia», per questo credo che camminare negli stessi ambienti che gli sono appartenuti possa restituirci un po' di quella indicibile magia – grazie anche alla presenza di un mobilio d'epoca, alla riproduzione della cucina esattamente com'era a quel tempo, a numerose riproduzioni di tavole dello stesso Raffaello, e, particolarità assoluta, grazie anche alla stanza da letto in cui verosimilmente l'artista nacque!

Famosa per essere una delle città universitarie più antiche del mondo è nientemeno che la città natale di Raffaello, uno dei più grandi pittori e artisti di ogni tempo.

Una volta usciti dalla casa di Raffaello – e perché no, dopo esservi commossi un po' per l'emozione, come è capitato a me – c'è solo un'altra cosa davvero urgente che dovrete fare: visitare il Palazzo Ducale.

Anzi: «Sua Maestà Il Palazzo».

Non è solo un «palazzo», non dovete assolutamente immaginarvelo così. Quello di Urbino è una cittadella fortificata che è stata a lungo desiderata – e ottenuta nel 1444 – da Federico da Montefeltro. Lui non ha perseguito solo un ideale di bellezza o di efficienza, né voleva una struttura che fosse semplicemente sicura o, che so, la più bella delle Marche. No, ha voluto qualcosa di più: una specie di «città simbolo» che rispecchiasse alla perfezione l'essenza di Urbino, in tutto il suo splendore.

L'architettura del Palazzo Ducale è anche il simbolo del Rinascimento italiano, e sebbene abbia subito numerosi ampliamenti e modifiche nel corso del tempo, ha comunque mantenuto la sua identità, forte e decisa. Vi dicono nulla i nomi di Giovanni Santi e di Bramante? Il primo è il padre di Raffaello, tanto per capirci, e a lui è attribuita la decorazione del tempietto delle Muse che trovate all'interno del palazzo, la cui rivestitura è fatta di legno; mentre Bramante, architetto nonché una delle personalità di maggior rilievo nel periodo dell'Alto Rinascimento, si occupò della Cappellina del Perdono, sempre all'interno del Palazzo Ducale, il cui tempietto è rivestito di marmi policromi.

Se dal piano terra proseguite poi al primo e al secondo piano, troverete un vero e proprio tesoro: le numerose opere esposte – dipinti, affreschi, sculture in pietra e in legno, arazzi, mobili, incisioni e disegni – fanno parte della Galleria Nazionale delle Marche, e sono tutte opere che appartengono al periodo che va dal Trecento al Seicento. Non dico una sciocchezza se vi suggerisco di prendervi mezza giornata soltanto per visitare il palazzo, perché vi perderete fra queste bellezze e soprattutto negli ambienti suggestivi della galleria, a partire dalla Sala dei Banchetti, passando per la Biblioteca del Duca, fino ad arrivare agli Appartamenti della Duchessa, in cui potrete ammirare – sbalordendovi, è concesso – alcune opere non solo di Raffaello (che qui è di casa...) ma anche di Tiziano, di Piero della Francesca e di Leon Battista Alberti.

Insomma, avete l'imbarazzo della scelta, i vostri occhi non sapranno più dove posarsi.

Ma le sorprese non sono finite qui, perché appena uscirete da Palazzo Ducale, sbam, neanche il tempo di sedervi per un caffè che vi verrà voglia di fare pochi passi per entrare nell'imponentissimo duomo – queste

Marche non vi danno pace, eh? Ma sono sicura che neanche voi, esattamente come me all'inizio, ve l'aspettavate. Questa Cattedrale di Santa Maria Assunta è stata fondata nientemeno che nel 1021 e fu poi ristrutturata per volere di Federico III da Montefeltro, ma attenzione, perché voi sapete che le Marche sono un territorio molto sensibile, purtroppo, ai terremoti, e questa grande opera rinascimentale subì enormi danni a seguito di due fortissime scosse, nel 1781 e poi nel 1789, che ne danneggiarono la facciata e addirittura causarono il crollo della cupola. Perciò, il risultato – comunque splendido – di cui potete godere oggi è frutto della ristrutturazione (dell'intera chiesa) di Giuseppe Valadier, un architetto di cui, lo vedrete a breve, sentiremo ancora parlare…

Urbino è bella tutta, perché è piacevole passeggiare per le sue vie e perdersi in vicoli che sembrano sussurrarvi parole eterne ma in qualche modo anche future.

A ogni modo, avrete intuito che il pezzo forte di questo bellissimo duomo è la cupola, a parte le tre navate decorate con un sobrio stile neoclassico e ovviamente le opere di Raffaello.

Vi assicuro, Urbino è bella tutta, perché è piacevole passeggiare per le sue vie e perdersi in vicoli che sembrano sussurrarvi parole eterne ma in qualche modo anche future, perciò al di là dei miei suggerimenti – che rispecchiano sempre dei gusti personali, luoghi magici per me e che ho potuto conoscere più da vicino – rimane ancora un posto da esplorare, che vi farà definitivamente esclamare «wow!»: l'Oratorio di San Giovanni Battista.

Non so voi, ma tra le opere d'arte che ritengo più ammalianti ci sono sicuramente gli affreschi, perché non riempiono solo le stanze o i soffitti, non sono semplici tocchi d'arte e di colore, ma restituiscono la sensazione di essere proprio «caduti» dentro l'opera, come se ci poteste camminare attraverso. Ecco perché l'oratorio è per me un luogo incantevole: qui ammirerete un ciclo di affreschi da togliere la parola, realizzati tutti fra il 1415 e il 1416, appartenenti a Lorenzo e Jacopo Salimbeni da San Severino Marche. La potenza di questi affreschi è assoluta, e l'impatto con la crocifissione di Cristo, proprio nella parete centrale della stanza, quella dell'abside, è fortissimo. Colori vividissimi, luminosi, che danno corpo e anima a soggetti all'apparenza quasi vivi, tanto è tangibile il vissuto che trasuda dai loro volti. Un sogno a occhi aperti.

A questo punto, prima di andarvene, ho un ultimo consiglio: quante volte vi ho già detto che le vedute panoramiche delle Marche hanno qualcosa di speciale e irripetibile? Tante, lo so. Aggiungetene ancora una. Non potete lasciare Urbino senza aver scattato (ed esservi fatti scattare, perché il selfie non renderà giustizia, quindi fermate qualcuno che vi accontenti!) una foto alla veduta dal Parco della Resistenza. Non troverete così tanti turisti lassù – ma forse adesso che ve l'ho detto... – perciò il silenzio e la pace sono quasi assicurati, ma ricordatevi anche che è l'unico punto in cui potrete ammirare dall'alto la città di Urbino in tutta la sua magnificenza.

Dal Parco della Resistenza di Urbino avrete una visuale completa di tutta la città, nella sua intera bellezza.

E se a un certo punto, dopo una giornata a spasso nella bellezza, dovesse venirvi fame... Prenotate qua, facendo il mio nome: ristorante Portanova, in pieno centro storico, talmente bello e buono che lo troverete anche nella Guida Michelin. Un locale che nasce fra mura antiche ma che sposa un design moderno, raffinato, pulito e discreto, così come la cucina, che si serve di ingredienti marchigiani di grande qualità per inserirli in ricette contemporanee che strizzano l'occhio alla creatività.

E non ringraziatemi, non serve. Dovere di marchigiana acquisita.

Pesaro, Capitale italiana della cultura 2024 e non solo!

Devo essere onesta, stavo chiudendo la stesura del libro perché il tempo previsto per la consegna all'editore era davvero agli sgoccioli, quando a Parigi, in occasione della bellissima sfilata organizzata dalla Regione Marche presso l'Ambasciata Italiana, chiacchierando con Raffaele Vitali – giornalista di gran carriera, nonché amico e pesarese DOC – esce fuori questo discorso.

Lui mi chiede: «Ma di Pesaro cosa hai scritto?».

Gelo. Io, per un attimo, completamente spaesata.

«Pesaro… Ecco… Dunque… Stavo appunto… No, beh, dicevo… Okay, dai, lo ammetto: ancora non ho scritto niente. Ma rimedio subito» mi sono affrettata a rispondere.

Accidenti, come avrei mai potuto lasciare questa zona, l'urbinate, senza aver prima fatto un salto nell'altra metà della provincia, quella di Pesaro, il secondo capoluogo che assieme a Urbino forma per l'appunto la provincia di Pesaro-Urbino?

Pesaro è bella, è vivace, risente molto dello spirito divertente e divertito della riviera romagnola (se vogliamo dirla tutta, i marchigiani delle «Marche zozze» dicono che i pesaresi non sono proprio marchigiani, ma «marchignoli», dato che sono così prossimi alla Romagna e parlano… un'altra lingua, praticamente), si presta a soggiorni turistici di vario genere (da chi vuole semplicemente rilassarsi andando in spiaggia a chi invece preferisce una vacanza più all'insegna dello sport, magari in sella a una bella bici) ma soprattutto si è fregiata del titolo di Capitale italiana della cultura nel 2024. Avrete capito ormai che le Marche non solo soltanto una regione in cui si mangia bene e dove si può godere di un panorama collinare mozzafiato o della bellezza di alcuni piccoli borghi che trasudano storia da ogni vicolo. Le Marche sono anche sinonimo di esperimenti culturali, di grandi menti intellettuali e di stagioni teatrali da ricordare.

Pesaro, terra di «marchignoli», è stata anche Capitale italiana della cultura nel 2024.

Il centro storico di Pesaro è piuttosto grazioso, anche se la prima cosa che vi faccio notare – perché sono sicura che nel pubblico di lettori ci saranno gli amanti del mare – è che troverete due lunghi tratti di litorale sabbioso in cui potrete comodamente venire con tutta la famiglia, ma non solo: se avete voglia di qualcosa di un po' più *wild*, diciamo, ho una bella soluzione per voi, poiché vi basterà scendere da Pesaro verso Fano, seguendo una strada panoramica all'altezza della frazione Bettola, per arrivare a un bivio che, sulla destra, porta l'indicazione «Fonte di Saiano».

Qui potrete parcheggiare per proseguire poi a piedi, e dopo meno di un chilometro ecco che incontrerete prima la fonte e poi un secondo bivio, un incrocio con cinque stradine. Voi imboccate la terza a partire da destra e dopo circa tre-quattrocento metri ecco che vedrete spuntare a terra i famosi ciottoli del Monte Ardizio. Questo monte è la parte più alta del promontorio del Colle Ardizio, un rilievo che dà sul mar Adriatico e che si estende tra Pesaro e Fano grazie alla sua forma allungata.

Il colle forma un percorso di poco meno di otto chilometri divisi in due parti (uno di tre chilometri e mezzo, l'altro di cinque in totale, percorribile sia in auto che a piedi), vi basterà seguire le indicazioni.

Ma torniamo al centro di Pesaro: che giro vi suggerisco di fare? Cosa vedere? Ovviamente vado sempre a sentimento e seguo la mia logica (un po' para… vento) del cuore.

Sono sicura che la prima cosa a colpirvi sarà la famosissima «Palla» dello scultore Arnaldo Pomodoro, più propriamente chiamata «Sfera Grande», che si trova nel piazzale della Libertà, un punto di Pesaro che funge da ritrovo per moltissime iniziative ed eventi, soprattutto musicali visto che ci troviamo nella città… della musica! Ebbene sì, vi dice niente Gioacchino Rossini? Per chi ancora non lo sapesse, il grande compositore è nato proprio qui.

Infatti, lasciandovi alle spalle la piazza e anche il meraviglioso Villino Ruggeri – che è nientemeno che uno degli esempi più importanti e famosi di architettura liberty in Italia! – e prendendo quindi il viale che vi porterà in centro, a un certo punto imboccherete via

Rossini e… beh, siamo stati a casa di Leopardi, poi a casa di Raffaello, non è che a questo punto possiamo lasciarci sfuggire una visita alla casa di Rossini. Vi pare? Tra l'altro, esattamente dieci anni fa, nel 2015, è stata completamente rinnovata (grazie a un prezioso e grande progetto di riqualificazione), perciò non ci sono proprio giustificazioni. Entriamo!

Oggi la casa di Rossini, il cigno di Pesaro, è in larga parte adibita a museo, in cui troverete molte componenti della struttura originaria.

La realizzazione del piano terra e del primo piano risalgono al 1400, ma i due piani superiori si sono aggiunti soltanto in seguito (mentre la prima importante ristrutturazione è del Settecento, sia per quanto riguarda la facciata che gli interni). In ogni caso, qui nacque Rossini nel 1792, e la cosa curiosa – o meglio, quella che fra tante ha catturato subito la mia attenzione – è che sia nato il 29 febbraio, quindi… festeggiava il compleanno ogni quattro anni? Mi sto ancora scervellando per capire come funzioni… Se c'è qualcuno nato in anno bisestile, oltre ad avere tutta la mia comprensione, potrebbe contattarmi su Instagram per sciogliere questo nodo? Grazie.

Torniamo a Rossini. In sostanza, cosa colpisce di questo edificio? Tante cose: anzitutto alcune componenti della struttura originaria, come le imposte delle finestre ad arco, i camini anneriti dal fumo e alcuni elementi della cucina antica. Ovviamente oggi una sostanziosa parte della casa è adibita a museo (e dovete sapere che dal 1904 questa struttura venne dichiarata monumento nazionale). Quindi troverete molte collezioni di stampe e incisioni, litografie e ritratti appartenuti a Martel, un noto collezionista di cimeli rossiniani, e ci sono anche le stampe delle opere di Rossini e dei suoi interpreti. Tra le chicche, anche un disegno di Rossini sul letto di morte realizzato da Gustave Doré.

Insomma, potete sbizzarrirvi per qualche ora, sia qui che nella parte del Bookshop, dove si trova uno store dedicato a Rossini (non so se lo sapete, ma era soprannominato il Cigno di Pesaro) che è anche l'unico presente nel mondo! Vi direi quindi, se potete, di non badare troppo al portafogli e di portarvi a casa quanti più souvenir possibili.

Da qui, non farete fatica (è un passaggio obbligato, quasi a prova di scimmia) ad arrivare in piazza del Popolo per ammirare tra le altre cose la fontana – la cui primissima realizzazione risale addirittura al Cinquecento e il cui ultimo restauro risale invece alla fine degli anni Ottanta del Novecento – e lo splendido Palazzo Ducale, oggi sede della prefettura.

Come avrete capito, sono una persona a cui piace molto andar per musei, e quindi non posso non consigliarvi un giro anche a Palazzo Mosca che ospita oggi i Musei Civici di Pesaro (con un atrio interno che vanta una delle librerie all'aperto, per così dire, più famose del web – Instagram, per esempio, è pieno di gente che ci si fotografa davanti!; cercate su Google Immagini per farvi un'idea di quanto stareste bene anche voi immortalati sotto la parete di libri antichi, e poi mi darete risposta – anzi, *taggatemi* direttamente nella foto), la Pinacoteca e il Museo della Ceramica, ma c'è qualcosa che mi preme ancora di più suggerirvi: che ne dite di un po' di «verde»? Allora andiamo a Monte San Bartolo, che dà il nome anche al parco naturale di cui fa parte.

Questo parco pazzesco, che già di per sé è un patrimonio naturalistico inestimabile, è sede di ville storiche da lasciare senza fiato, come la seicentesca Villa Caprile (con i suoi divertenti giardini all'italiana) e Villa Imperiale (un gioiellino del Rinascimento italiano). Anche qui, in una città che forse marchigiana al cento per cento non è (si scherza, amici pesaresi, anzi, «marchignoli»), si respira una quantità di storia e di cultura da lasciare chiunque impressionato.

La pizza Rossini non ha nulla di esotico, ma è la pizza con uova sode e maionese degustata dai pesaresi DOC.

Quando vi dicono che le Marche sono soltanto il Conero, fate una pernacchia e raccontate loro tutte le bellezze che avete scovato seguendo alcune delle mie indicazioni.

Indicazioni che, comunque, come ormai saprete a memoria, proseguono anche in direzione del cibo! Come mi ha spiegato Raffaele, il pesarese DOC non mangia una semplice pizza ma l'illustrissima «pizza Rossini». Non pensate a qualcosa di esotico, non c'è l'ananas, tranquilli, già vi vedevo a ruotare gli occhi all'insù pensando all'ennesima schifezza modaiola. E invece no, questa è una ricetta tipica di Pesaro: si tratta di una pizza margherita con sopra fette di uovo sodo e… una generosa, copiosa, succulenta dose di maionese. I veri pesaresi, quelli nati e cresciuti qui, a pane e Rossini, se le mangiano anche a colazione ma in versione ridotta. Quindi, potevo io, che pesarese non sono e marchigiana neanche, esimermi dallo sperimentare questo prelibatissimo cibo? Una bontà assoluta. Molto meglio dell'ananas, lo giuro!

5 Da *Pesaro* a *Urbino*

Ore 8:30

Colazione vista mare al *Caffè degli Artisti* o *Sunset Café* a **PESARO**

Ore 9:00-12:30

Mattinata in spiaggia, puoi spingerti anche verso la Spiaggia Selvaggia a Fiorenzuola di Focara

Ore 13:00

Pranzo di pesce da *L'Angolo di Mario*, *Mare Mosso* o *Farina Pesaro* (prova il brodetto o i tagliolini allo scoglio)

Ore 14:30

Si procede verso **FANO** e si prende un caffè al *Caffè del Porto* o *Bon Bon Gelateria Pasticceria* (da provare la Moretta Fanese, caffè corretto originario della città di Fano)

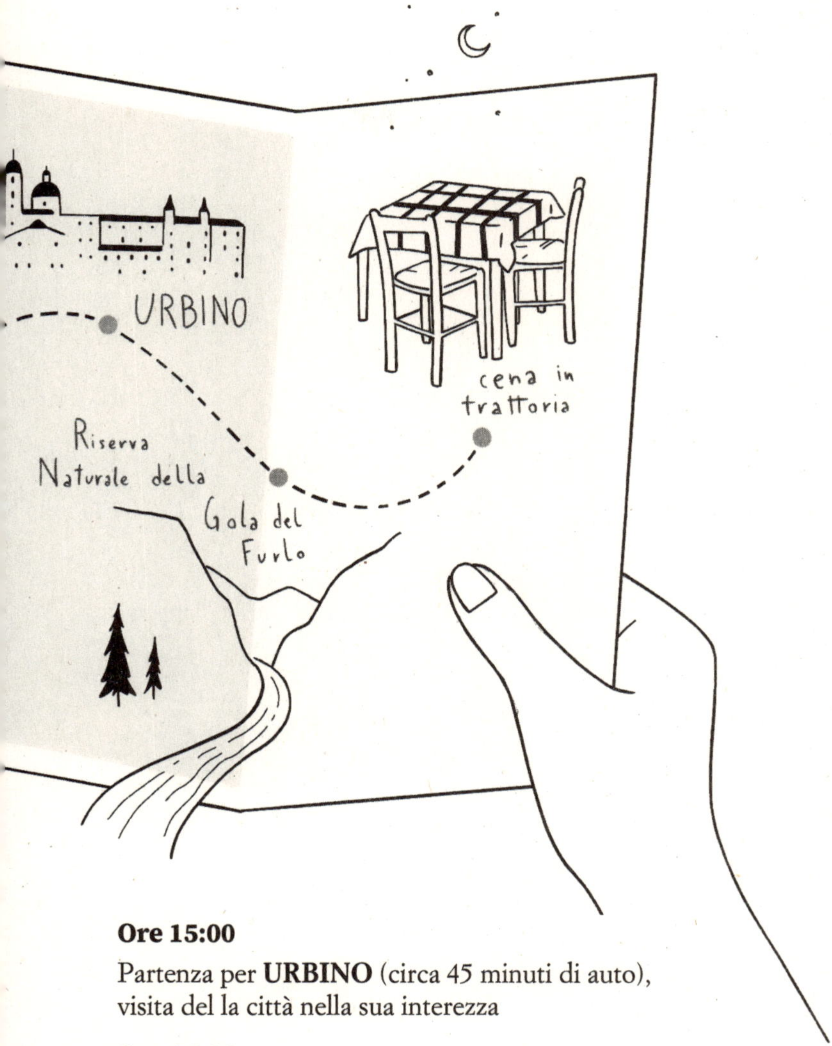

Ore 15:00

Partenza per **URBINO** (circa 45 minuti di auto), visita del la città nella sua interezza

Ore 16:00

Direzione Riserva Naturale della Gola del Furlo (circa 30 minuti di auto da Urbino)

Ore 20:00

Cena tipica in una trattoria locale per gustare i famosi passatelli o la crescia sfogliata, da *Ristorante Portanova* o *Il Ponente*, poco fuori Urbino

Genga: le grotte vi aspettano!

Ci ritroviamo di nuovo a Nord delle Marche ma questa volta in provincia di Ancona, perché mi veniva difficile parlarvi di questa regione senza nominare in ultima battuta uno dei luoghi più famosi assieme alle spiagge del Conero e Recanati: Genga! Sono sicura che di primo acchito non vi dirà granché, ma se vi nomino le Grotte di Frasassi? Ecco, avete già cambiato sguardo.

Lo sapevo! Una delle attrazioni turistiche più sensazionali delle Marche sono certamente loro, tra l'altro Genga è un borgo piuttosto piccolo (sì anche lui!) ma piazzato proprio nel bel mezzo del verde del Parco Regionale Naturale Gola della Rossa e Frasassi. Un plus non trascurabile, direi.

Sapete, innanzitutto, perché Frasassi si chiama così? Secondo me se ci ragionate un momento lo intuite: «fra» e «sassi», ossia «tra due sassi», perché questa località che si trova nel territorio di Genga è «spaccata» dalla Gola, che di fatto è come se dividesse due «sassi». Lo spettacolo delle Grotte, la cui storia inizia quasi duecento milioni di anni fa e che dobbiamo unicamente alla potenza naturale dell'acqua e della roccia, è qualcosa di unico al mondo. Non a caso arrivano da tutta Europa per goderselo. Troverete stalattiti e stalagmiti di ogni dimensione e forma, alcune delle quali hanno preso nomi molto curiosi come «I Giganti» o «Il Dromedario».

Potete seguire tre diversi percorsi suddivisi in otto livelli geologici, ovviamente ce n'è uno base per tutti che è quello turistico (di quasi due chilometri, per un totale di settanta minuti di attività), mentre per i più avventurosi – e chiaramente esperti – vengono consigliati i percorsi speleologici (sia da due ore che da tre).

Non mi addentro nei dettagli perché non sono la persona più indicata, ma ecco, di sicuro non è una tappa che salterei a piè pari.

Così come non potete farvi sfuggire l'altra grande attrazione di Genga, che è una meraviglia allo stato puro e, sono sicura, fotograferete fino a far esaurire la memoria del vostro telefono.

Villa Bucci e un Verdicchio che lascia il segno

Non so quanti di voi conoscono località Pongelli, in Ostra Vetere, provincia di Ancona. Uhm, forse non così tanti, e in effetti prima di sapere che la Tenuta Villa Bucci si trovava proprio lì, nemmeno io l'avevo mai sentita nominare. Nella tenuta ci si occupa di agricoltura fin dal Settecento (wow!) e non solo, perché su alcuni terreni sono impiantati vigneti da cui da oltre quarant'anni si ottiene un vino pregiatissimo, il Verdicchio, nonché una delle grandi eccellenze delle Marche: il Villa Bucci Riserva, Castelli di Jesi Verdicchio Riserva DOCG Classico. Ma c'è una cosa importantissima e da dire subito, e cioè che i loro vini, così come l'olio d'oliva, hanno il certificato ufficiale UE di prodotti biologici da più di venticinque anni ormai. Insomma, parliamo anche in questo caso di roba bella da vedere e buonissima da gustare, di una qualità che definire eccellente è poco. Il proprietario, Ampelio Bucci, è stato uno di quegli imprenditori con la «vista lunga», tanto coraggio e molta costanza sulle spalle, ed è anche per questo che nel 2019 ha ricevuto un prestigiosissimo Premio alla carriera dalla Guida «Slow Wine» di Slow Food Editore (nella quale, comunque, l'azienda era già presente da svariati anni vantando numerosi riconoscimenti e premi!); come si legge nella motivazione, Ampelio Bucci «ha fatto la storia del Verdicchio di alta qualità, creando dei vini in grado di sfidare i decenni». Considerato fra i vini bianchi più buoni del mondo (avete capito bene!), il Verdicchio dei Castelli di Jesi DOC Classico Superiore 2019 Bucci è rientrato perfino nella classifica stilata dalla prestigiosa rivista di New York, «Wine Enthusiast», diretta da Kerin O'Keefe, piazzandosi al secondo posto assoluto e al primo bianco in tutto il mondo. Un risultato stupefacente! È dalla fine degli anni Novanta che la Tenuta Villa Bucci è diventata un riferimento per tutti i produttori del Verdicchio, e Ampelio nello specifico è divenuto, secondo la stampa specializzata, «L'uomo della rinascita del Verdicchio», «Il Signore del Verdicchio» o addirittura «Il Profeta del Verdicchio»! Oggi l'azienda è di proprietà di Federico Veronesi e della sua famiglia, che fin da subito ha deciso di mantenere la filosofia e il modus operandi del team di lavoro. Per questo mi preme sottolineare che la cosa veramente bella è che l'anima dell'azienda, e quindi anche dei loro prodotti, non ha mai perso la qualità tipica delle cose semplici, contadine, ma sfornando vini con un'anima nettamente superiore, che si distingue per bontà, gusto e aroma. Visitare la loro cantina e assaggiare il vino Bucci è una vera experience *che, marchigiani e non, sarebbe da pazzi lasciarsi scappare.*

Sto parlando del Tempio del Valadier (ricordate? Il famoso architetto l'abbiamo nominato giusto qualche paragrafo fa).

Questo santuario ottagonale in stile neoclassico è stupefacente per due motivi: il primo è che si trova letteralmente incastonato nella Gola della Rossa e di Frasassi, proprio fra le rocce (una volta usciti dalle Grotte, vi basterà percorrere pochi passi a piedi per trovare il percorso – non scoraggiatevi se avete carrozzine e passeggini, l'accesso è comodo per tutti). Il secondo è che in questo luogo intenso, carico di spiritualità, c'è anche un oratorio molto antico, l'eremo di Santa Maria Infra Saxa, addossato alla parete rocciosa.

Il Museo Speleo-Paleontologico e Archeologico di Genga, conserva anche un reperto che farà impazzire i vostri bambini (ma non solo) e cioè un fossile di ittiosauro: un esemplare di animale marino fra i più grandi vissuti nell'area umbra e marchigiana circa centocinquanta milioni di anni fa.

Riuscite a immaginare qualcosa di più sensazionale? So che finora siamo incappati spesso in posticini dal fascino indescrivibile, ma Genga, le Grotte e il tempio di Valadier giocano una partita a sé, perché sono un concentrato di arte e natura che secondo me difficilmente riuscirete a vedere altrove (dai, la sto pompando un po' ma ci sta).

Se siete capitati da queste parti, significa però una cosa, e cioè che amate l'avventura, che siete curiosi e che tutto sommato non vi fanno paura le escursioni in mezzo alla natura. Giusto? Bene, diamolo per buono. E allora facciamo che vi lascio con una chicca finale: dopo che avrete visitato anche il Museo Speleo-Paleontologico e Archeologico di Genga, in cui è conservato anche un reperto che farà impazzire i vostri bambini (ma non solo) e cioè un fossile di ittiosauro (un esemplare di animale marino fra i più grandi vissuti nell'area umbra e marchigiana circa centocinquanta milioni di anni fa), vi consiglio di fare un salto a Valle Scappuccia.

Il nome mi fa sempre ridere (vabbè, mi diverto con poco!) ma posso assicurarvi che al di là di tutto questa valle è davvero una grazia della natura: ci arrivate comodamente a piedi (sono poco meno di tre chilometri se partite dal centro di Genga) e potrete passeggiarci dentro addentrandovi in un bosco che assomiglia un po' a quello di Aurora in *La bella addormentata nel bosco*, ve lo ricordate? Qui, però, per i più sportivi le sorprese non sono finite, poiché potrete prendere parte a escursioni spaziali e troverete sentieri di trekking per tutti i gusti. Certo, vi consiglio anche di portare un iPhone che faccia delle belle foto perché… altro che Instagram, tutti i vostri follower impazziranno!

4

Marche e spiritualità: un connubio perfetto

Dove lo spirito incontra la natura

Fino a questo momento non ho fatto altro che parlare di borghi, ristorantini particolari, località che riguardano il quotidiano e soprattutto la mia anima, ma mi rendo conto di aver tralasciato qualcosa che invece, ora, merita uno spazio a sé.

Perché anche queste zone di cui vi parlerò, e che richiamano non solo la bellezza più pura del paesaggio marchigiano e delle sue montagne, ma anche un senso di pace e di «assoluto» che raramente potrete trovare altrove, fanno parte del mio mondo italiano, del mondo a cui oggi sento di appartenere con tutta me stessa. Se è vero che ho due cuori, quello russo e quello marchigiano, è anche vero che battono all'unisono e che l'uno senza l'altro forse perderebbe di energia.

Ho deciso di intitolare questo capitolo «Marche e spiritualità» perché, se mi avete seguita fino a ora, avrete capito che il lato spirituale di Natasha non è mai secondo a nient'altro, anzi: sento spessissimo l'esigenza di riconnettermi con me stessa, con i luoghi che abito, con l'autenticità delle cose, delle persone e della natura che mi circonda, quasi per ritrovare un baricentro. Mi capita soprattutto nei periodi più pieni, quando mi rendo conto che prendere aerei, treni, auto e girare il mondo per svolgere un lavoro che ho scelto e che amo, è bellissimo, sì, ma rende ancora più bello il ritorno a casa, dove ritrovo il mio lato più sincero.

Ad aiutarmi in questo percorso di riscoperta continua di me stessa e di riconnessione, c'è un amico, un professionista, una persona che definire adorabile è poco: Stefano Marchegiani, guida mountain bike, accompagnatore turistico e appassionato (ma che dico appassionato, amante sfegatato!) dei Sibillini e di tutte le loro meraviglie. Ci siamo arrivati, cari amanti della montagna, non potevo dimenticarvi di voi!

Questi luoghi non nascondono solo la bellezza più pura del paesaggio marchigiano e delle sue montagne, ma anche un senso di pace e di «assoluto» che raramente potrete trovare altrove.

Mi sono affidata a Stefano anche perché si occupa di escursioni sui Monti Sibillini e di turismo sostenibile dalla fine degli anni Ottanta, anche se la sua passione è molto più antica e si è definitivamente radicata, per così dire, dopo il sisma del 2016. Ha creato tanti progetti in diverse località non solo italiane, perché è arrivato addirittura in Belgio con un'entusiasmante idea sul cicloturismo.

Ma ora, basta chiacchiere (si fa per dire, visto che è un libro...) e iniziamo le nostre «scalate» (anche qui si fa per dire visto che è un percorso per lo più in bici, ma lasciatemi vaneggiare un po' in santa pace, su!).

L'altopiano di Macereto, il Monte Torrone, Passo Cattivo e Val di Panico: tanti nomi, un'unica bellezza

Non so più quante volte io e Luca abbiamo sentito il nostro amico Stefano parlarci di questo famoso «Passo Cattivo» che, voglio dire… dal nome non mi sembrava niente di buono. Vi ricordate quando a Tolentino vi descrivevo il Ponte del Diavolo? Oh, è incredibile! Le Marche, me ne sono resa conto cammin facendo, sono piene di luoghi con nomi alquanto singolari, e spesso non proprio ben auguranti. Per carità, niente di cui aver paura, ma immaginate qualcuno che a un certo punto dal nulla vi dice: «*Oh, vaco a famme 'na passeggiata a Passo Cattivo*» (Oh, vado a fare una passeggiata a Passo Cattivo), tu che pensi? *Fermete, do' vai, che ce 'rmani seccu!* (Fermati, dove vai, che cui lasci le penne!)

E invece, non solo mi sbagliavo ma, oltre il nome, qui di cattivo non c'è proprio nulla. C'è solo una bellezza da lasciare chiunque commosso e un silenzio che ti rende davvero grato per tutto ciò di cui possiamo godere.

Stefano si muove e lavora sul fronte di Ussita e Frontignano (due delle più importanti aree sciistiche delle Marche), e qui, nel 2009, è stato aperto il Bike Park Frontignano di cui proprio Marchegiani è il responsabile; in quest'area si possono praticare tutte le attività in bici, trekking anche a quattro zampe con dei preziosissimi educatori cinofili, c'è anche una scuola apposita per i bambini che si basa su una grande attenzione all'educazione ambientale e al rispetto per i sentieri dei pedoni, insomma, tutto ciò che concerne il cosiddetto «turismo lento», di cui, com'è chiaro, queste zone vivono. Dal 2016, mi racconta Stefano, le seggiovie a causa del terremoto si sono fermate, ma da tre anni a questa parte ha preso avvio una nuova gestione del Bike Park e si è dunque ricominciato con un'attività costante (dal 25 aprile fino ai primi giorni di novembre).

Si tratta di un turismo «di giornata», nel senso che chi arriva non può fermarsi a dormire in queste zone, a causa dei numerosi danni dovuti al terremoto, ma può comunque vivere tutte le esperienze che desidera, mangiare, rilassarsi, divertirsi e poi soggiornare altrove.

Come dicevo, anche io sono stata «vittima» del fascino assoluto di questi percorsi, ai quali Stefano mi ha convinto a partecipare e dei quali mi sono entusiasmata fin da subito. Uno di quelli che ricordo meglio è sicuramente l'altopiano di Macereto – in bici è una «bella scarpetta», come si dice da queste parti, ma la fatica non si sente quando si è in ottima compagnia e si può godere di panorami incredibili: in questa vallata c'è il famoso santuario, che dovete assolutamente visitare anche perché porta con sé una caratteristica molto particolare, visto che si tratta di un esagono.

Ad aumentare il fascino di questo posto c'è anche un'antica leggenda, secondo cui la Madonna di Loreto, quando doveva essere trasferita in Palestina, ha subìto un… dirottamento, diciamo. In pratica, gli asini che la trasportavano durante il viaggio si sono fermati nell'altopiano di Macereto e da lì non si sono voluti più spostare. Ecco qui che nasce, allora, il Santuario di Macereto. Non so che effetto facciano a voi queste storie, ma penso abbiate capito che io ne subisco la magia e soprattutto la «verità spirituale» che le accompagna.

Leggenda vuole che gli asini che trasportavano la Madonna di Loreto in Palestina durante il viaggio si sono fermati nell'altopiano di Macereto e da lì non si sono voluti più spostare. Ecco qui che nasce il Santuario di Macereto.

A ogni modo, questa via che dal santuario arriva direttamente nella valle di Ussita, percorribile sia su strada normale che su strada sterrata, si può approcciare ovviamente anche in bici, offrendo a tutti la possibilità di osservare il mondo della natura da un punto di vista «assoluto», come dice sempre il mio amico Stefano. Ha ragione, perché si respira un'aria di pace che non ha niente a che vedere con tutto il resto. Uno dei percorsi per arrivare a valle, comunque, è quello che incontra Valle Stretta (poco prima del paese), sede di molti allevatori che si sono presi cura degli animali dopo il terremoto.

La particolarità di questo cammino è che, proceden-

do verso Ussita, ci troviamo di fronte a uno scenario naturale grandioso: sembra quasi che ci cadano addosso tutte le pareti del Monte Bove con le sue rocce maestose, un'esperienza davvero da brividi!
Ecco... a proposito di esperienze da brividi... Ero incerta se uscire o meno allo scoperto ma... siamo tra amici, no? Cioè, voglio dire, non è che vi mettete a giudicare? Ho fatto un po' la vaga e vi ho detto che beh, sì, certo che mi ricordo di questo fantastico percorso che io, mio marito Luca, assieme al buon Stefano e ad altre quindici persone circa, abbiamo compiuto con le biciclette elettriche, ma non vi ho detto che sono stata l'unica, in piena salita, e per quasi un chilometro, ad aver fatto una fatica bestiale. Lo so, vi vedo già col dito puntato: «Hai fatto *Pechino Express* e adesso ti lamenti di una salita in bici, per di più con un mezzo assistito?!». Ecco. Il problema non era la bici e nemmeno era la salita. E non erano nemmeno tutte le persone attorno a me che continuavano a dirmi «Dai, Nat, spingi! Dai che ce la fai!».

Il problema ero io, che non avevo acceso la bicicletta elettrica e ho sudato pure l'acqua del battesimo. Menomale che Stefano – amico mio, ti voglio bene, lo sai – a un certo punto è venuto in mio soccorso e mi ha detto che forse, sì, magari, in effetti... Sarebbe stato meglio accenderla, la bici.

Quindi non guardatemi con quelle facce e smettetela di ridere, ma piuttosto ricordatevi di non fare come la Stefanenko, e semmai percorrerete questi sentieri con la bici elettrica... accendetela!

Ancora in compagnia di Luca (e sempre con l'immancabile Stefano, che tra le altre cose si occupa anche di tenere in perfetto ordine tutti i camminamenti!), ma stavolta con un mezzo funzionante, abbiamo percorso il sentiero del Monte Torrone (no, non si mangia... il torrone buono, se vi ricordate, sta a Camerino). Il monte è sito di fronte al Bove, sotto la località di Frontignano, e percorrendo un itinerario che è proprio in cima – sì, la fatica non manca, non fatemelo ripetere ancora sennò vi scoraggiate! – vi permetterà, così come ha permesso ai nostri occhi estasiati, di vedere sia la valle di Ussita che

quella di Visso, scorgendo anche la zona dell'altopiano. Praticamente avrete il controllo di quasi tutti i Sibillini – sto esagerando ma, ehi, davvero vi sentirete quasi i padroni del mondo da lassù! Un'esperienza fuori dal comune.

La faggeta in Val di Panico sarà una meta perfetta per tutti gli amanti del foliage nei mesi autunnali, con i suoi colori sorprendenti.

Ma attenzione, cari amici amanti del *foliage* e di quell'Instagram che si presta moltissimo alle foto con le foglie arancioni, gialle e rossicce tipiche del periodo autunnale, perché ho una segnalazione fondamentale per voi! Da fine settembre e poi per tutto il mese di ottobre e fino a inizio novembre, la Val di Panico (anche questa... il nome non fa presagire cose buone e invece ne troverete di sorprendenti!) si presta – anche in bici – all'ammirazione del *foliage*, caratteristica importantissima di tutte le faggete della zona, formate da meravigliosi aceri che in autunno assumono dei colori da cartolina. Sembrano finti, per quanto sono belli! Oh, è vero che c'è anche un'altra bellissima faggeta, quella di Canfaito, nell'omonimo altopiano, ma è anche vero che una volta che avrete sorpassato la zona di San Severino e vi sarete spinti fin quassù, beh, non potrete sottrarvi anche a questa bellezza.

Questa valle, da cui origina il fiume Ussita, ci dà anche un altro interessantissimo plus, di tipo prettamente commerciale ma di interesse comune, e cioè l'acqua Roana, una delle acque più buone del Centro Italia.

Ultimo ma non ultimo, ecco che arriva davvero un re, perché a questo punto non mi resta che presentarvi il sentiero che, attraverso la Fonte del Lupo, ci porta al Cristo delle Vette, sotto le cui braccia spalancate assaporerete davvero – sia che siate persone di fede, oppure no – l'intesa spirituale non con una divinità ma con il territorio. Non a caso, salendo fino a Passo Cattivo (ci siamo arrivati!), una delle località più suggestive dei Sibillini sia per il paesaggio che per la particolarità delle rocce che lo circondano, possiamo incontrare tante varietà di animali, dal camoscio al capriolo, al lupo, alle volpi e agli scoiattoli. Ecco quindi che la connessione con il mondo circostante diventa totale.

Ed è a dir poco meraviglioso.

Ussita-Frontignano e i marchigiani che resistono, sempre

Non c'è niente di più bello che ascoltare le storie delle persone che ce la fanno, nonostante tutto. Di chi non si arrende, di chi si rialza, di chi accetta di aver fallito, di esser rimasto indietro, di non aver potuto realizzare tutto ciò che desiderava ma che, al tempo stesso, intuisce che c'è sempre un modo per guardare il mondo con un pizzico di ottimismo, sapendo che la vita, al di là del dolore, ci offre un'opportunità di rinascita.

Questo è ciò che accade a tutti gli italiani, da sempre, ma che ai marchigiani capita un po' di più: stando a contatto con Stefano, sono venuta a conoscenza di storie di resilienza e di grandissima forza, mentre lui mi raccontava di tutte le famiglie sfollate a causa del terremoto.

Lo abbiamo detto più volte, e un po' en passant, all'interno di questo libro: le Marche sono anche, purtroppo, un territorio che conosce benissimo il dramma del terremoto, e ormai ci ho fatto anche io la (triste) abitudine. Ma bando a ogni scoraggiamento, i marchigiani sono gente tosta, dura nel senso buono del termine, sempre pronta a sfoderare un carattere di marmo quando ce n'è bisogno. Si lavora tanto, a testa bassa, e quando c'è da rimboccarsi le maniche, beh... siamo i primi a iniziare.

Stefano è stato testimone diretto di questo spirito di resistenza, e se ne è accorto soprattutto a partire da quell'anno nefasto che è stato il 2016, quando i turisti, già con la prima scossa avvertita ad agosto, sono spariti per la paura che anche quelle zone venissero colpite, e già da allora, con le scosse successive, si era creata l'esigenza di collegare alcuni rifugi rimasti in piedi sui Monti Sibillini. Fu quello il momento in cui si pensò di farlo attraverso le bici elettriche (mentre prima si poteva soltanto con le bici muscolari).

Le Marche sono anche un territorio che conosce bene il dramma del terremoto, ma i marchigiani sono gente tosta, sempre pronta a rialzarsi.

Dopo la prima scossa di ottobre 2016, prima di quella più forte che arrivò alla fine del mese e che si impresse nella memoria di tutti noi, l'amministrazione di Ussita chiese a Stefano di accogliere i terremotati lungo la costa, in campeggi organizzati, perché c'era il rischio concreto che accadesse qualcosa di più grave, per via della caduta dei massi. Stefano si occupò dell'accoglienza e dell'organizzazione delle attività in uno di questi campeggi, passando di fatto le sue giornate con la popolazione ussitana. Ha fatto da animatore, preparato attività per i bambini e sviluppato, in modo a quel punto indissolubile, un legame speciale con quella vallata.

Dopo quasi un anno dal terremoto si riuscì a consegnare ai cittadini le SAE, soluzioni abitative di emergenza, ossia dei prefabbricati che ospitano ancora oggi quasi l'intera popolazione (rientrate nelle loro località, quindi, nel 2017). Quando infatti sono andata anche io a visitare quei luoghi feriti, una cosa ricordo su tutte le altre, e cioè il fatto che ogni famiglia incontrata, sforzandosi di sorridere e di mantenere sempre alto l'umore, nonostante non potesse tornare a vivere nella propria casa, stazionava vicinissima all'abitazione, quasi a non volersi staccare troppo dal punto di origine.

I marchigiani si risollevano in men che non si dica, ma a differenza degli altri lo fanno con estremo pudore, chiedono poco, si chiudono nel silenzio.

Questo dettaglio mi ha commosso fin quasi al pianto, perché vedevo negli occhi di quella gente una forza indescrivibile, e mi sono chiesta molte volte che cosa avrei fatto io, al posto loro, o come avrei potuto reagire. Non solo: ricordo che mentre passeggiavamo nel borgo, ci imbattemmo in un bar, anzi Il bar Due monti, l'unico in quell'area montana, che fungeva e funge ancora da punto di ritrovo per tutti. Le persone si riuniscono lì all'ora di colazione, poi per pranzo, e nel pomeriggio, dove si fermano a fare quattro chiacchiere: si respira un'atmosfera unita e compatta, il *mood* di coloro che, resistendo al tempo e a qualunque ostacolo, si danno man forte sorreggendosi a vicenda.

Il bar è gestito dal signor Bruno e da sua moglie Eugenia, assieme a sua figlia Chiara, gente meravigliosa che non manca mai, davvero mai, di sorridere a chiunque si avvicini, me compresa (e non parlo solo delle belle foto che abbiamo scattato insieme!): preparano diversi primi piatti, panini, cose semplici che non riempiono solo la pancia ma anche il cuore; sono aperti soltanto fino alle ore venti e trenta, ma non mancano ogni giorno di tirar su la serranda e di accogliere qualunque turista arrivi da loro.

Tornando però a quel famoso 2016, quando ho chiesto al mio amico Stefano di fronte a quali difficoltà si fosse trovato, mi disse che la più grande fu senza dubbio quella di assistere impotente alle cose che accadevano.

C'era molto scoramento da parte di chiunque, non si riusciva a vedere un futuro da lì a breve, e molti ussitani erano convinti che non ce l'avrebbero più fatta a rialzarsi. Ovviamente non fu così, ma la strada, lo sapevano, sarebbe stata in salita.

È qui, però, che s'insinua la forza incredibile del nostro popolo, perché *li marchisgià* (i marchigiani) si risollevano in men che non si dica, ma a differenza degli altri lo fanno con estremo pudore, chiedono poco, si chiudono nel silenzio. Forse è questo, mi spiegava Stefano, l'unico elemento di vera ostilità, perché c'è sempre bisogno di comunicazione, specie nei momenti più delicati. Ma, dopotutto, l'ho imparato in tutti questi anni, non è possibile cambiare la natura di un territorio, e il nostro carattere – lo dico sempre da marchigiana adottata! – è questo!

A ogni modo, è vero che in quei campeggi l'umore era a terra e la desolazione generale, ma Stefano non si è fatto prendere dallo sconforto e insieme a sua sorella ha aperto… una parrucchieria! Avete capito bene. Ogni lunedì, lì al campeggio, in bagni e location improvvisati, avevano stabilito che si sarebbero presi cura dei capelli degli «ospiti»: lui si occupava del lavaggio mentre sua sorella e un altro amico di asciugature e tagli. «I primi lunedì sono stati soprattutto un modo per coccolare quelle persone che arrivavano con sguardi stralunati e stravolti, preoccupate perché avevano dovuto lasciare le loro case dall'oggi al domani, portando via pochissimi effetti personali e pensando anche all'ipotesi di sciacallaggio in loro assenza» mi racconta Stefano con una evidente commozione che gli incrina ancora oggi la voce. «Ma quello è stato anche un momento di sorrisi, in cui ci siamo a modo nostro divertiti e abbiamo tentato di diffondere quel po' di allegria che era rimasta.»

Visitare questi luoghi feriti, parlare con le famiglie, vedere il loro attaccamento non solo alla vita stessa ma alle radici, a quel cuore marchigiano che è insito nella loro natura, mi ha commosso profondamente. Di fronte a certe tragedie ci si sente impotenti, è vero, come dice anche il mio amico Stefano, ma la speranza e la forza incredibile dei marchigiani mi hanno trasmesso un'energia che non avevo mai sperimentato prima. Nessuna compassione, nessun vittimismo, mai e poi mai.

Questa regione porta con sé un talento grandioso,

quello di fare di un problema, nonostante tutto e tutti, un'opportunità, e io sono orgogliosa, oggi, di far parte di tutto questo, di essere «una di loro».

5

L'arte che non ti aspetti

Dalle Marche con creatività

Sono cresciuta in un Paese grande, dove nella sola città di Mosca esistono oggi oltre quattrocento musei dalle tematiche più svariate. Anzi, diciamo pure che Mosca è una specie di museo vivente, perché anche lì le strade sono ricche di storia e di un passato che non smette mai di dialogare con chi ci cammina in mezzo.

Ce ne sono anche di curiosi e divertenti, come per esempio il Museo della Cosmonautica, che rende omaggio al ruolo – più che decisivo – della Russia durante la corsa alla «conquista dello spazio», oppure lo stupefacente Museo Storico Statale, che è in uno degli edifici principali della piazza Rossa e, anche solo visto da fuori, merita un intero book fotografico (non lo dico perché sono di parte, *googlate* e poi mi darete ragione. Okay, forse sono *anche* di parte, ma non è questo il punto).

Però, ehi, bellezze!, qui siamo nelle Marche, mica in Russia, e questa regione che nominiamo al plurale nonostante sia una e una sola, di musei e di teatri ne ha in gran numero. Vi dirò di più. Ho recentemente scoperto – vabbè, non è che potevo sapere tutto subito, datemi il tempo di informarmi! – che le Marche sono chiamate anche la «Regione dei teatri», proprio perché – lo sottolineavamo qualche capitolo fa, ma ve ne sarete resi conto procedendo nella lettura – ospita circa un centinaio di teatri di cui oltre settanta storici.

Poi, stando a un aggiornamento dell'anno corrente, il 2025, sembra che le Marche siano arrivate quasi allo stesso numero di musei di Mosca, dunque quattrocento (se consideriamo sia quelli pubblici che quelli privati)!

Le Marche sono cultura a tutto tondo: dalla bellezza delle chiese ai grandi musei, alle dimore di artisti e intellettuali. Un mondo da scoprire.

Quando vi dicevo che la regione di Leopardi è molto più che mare, collina e montagna – e comunque, oh... noi c'abbiamo tutto, vorrei farvelo notare per la trecentesima volta, da marchigiana NON DOC ma più che convinta di esserlo diventata – intendevo proprio questo: cultura a tutto tondo, considerando anche la crescita del numero di musei nella sola città di Macerata.

A questo punto, entrerei nel vivo del tour. Oltre a indicarvi – al di là di quelli già citati nei capitoli precedenti e che avrete sicuramente segnato con l'evidenziatore (occhio, ché vi interrogo) – alcuni dei musei più curiosi che ho avuto il piacere di visitare, vi presenterò anche gli artisti nostrani a cui sono più legata. Uno in particolare, Nazareno Rocchetti, è diventato nel tempo un amico di famiglia, e oltre alla stima oggi a legarci è un rapporto di profonda amicizia.

Bene, bando alle ciance e iniziamo!

Il museo della porta accanto

MUSEO DELLA CARTA E DELLA FILIGRANA A FABRIANO

Chiariamo subito una cosa. Fabriano è una città, non un brand! L'ho sempre dato per scontato, ma a un certo punto, chiacchierando con alcuni amici non marchigiani (ma comunque italiani!), mi sono resa conto che molti credono che Fabriano sia solo il marchio della carta. Eh no! La carta prende questo nome perché viene prodotta qui, non viceversa – direte voi: tu oggi *fai la sverda* (fai la spavalda) perché nelle Marche ci vivi e te l'hanno spiegato subito, ma chissà se ci saresti mai arrivata da sola nel caso avessi continuato a vivere a Milano? Non indaghiamo troppo, altrimenti faccio una brutta figura.

Dicevo, di sicuro lo conoscete già, parto con qualcosa di facile e di famoso, perché viene spesso menzionato nei documentari di viaggio che danno in tv. Questo museo si trova nel complesso monumentale dell'ex Convento dei Domenicani, che è stato restaurato di recente, ed è diventato il simbolo di una memoria storica mica da poco: qui dentro sono racchiusi settecento anni di tradizione cartaria locale. Quando sono entrata, la prima cosa che mi ha stupito, e che al contempo non riuscivo a capire cosa fosse, è stata la ricostruzione della gualchiera medievale fabrianese (mi sono segnata il termine su un foglietto e mi sono fatta fare lo *spelling*, altrimenti chi se lo sarebbe ricordato?), un macchinario che veniva usato non solo per l'infeltrimento e la battitura della lana ma anche per la fabbricazione della carta a mano.

La gualchiera ripropone le tecniche dei famosi «Mastri Chartai» e qui dentro, al museo, potete seguire addirittura l'intero ciclo lavorativo, dall'arrivo degli stracci fino alla spedizione delle balle di carta! Il museo si divide in ben tre sezioni e ci sono anche delle bellissime attività didattiche dedicate ai bambini, che in questo modo possono davvero liberare la loro creatività apprendendo un pezzo di storia che gli rimarrà sicuramente impresso.

MUSEO DEL GIOCATTOLO ANTICO A SENIGALLIA

Ci troviamo sempre in provincia di Ancona ma questa volta a Senigallia, in uno di quei musei in cui si divertono tutti, grandi e piccoli. Gli adulti perché si ricordano di quand'erano bambini, i bambini perché scoprono giocattoli che forse non hanno mai neanche visto per sbaglio. Sto parlando del Museo del Giocattolo Antico, che si trova nel centro storico di Senigallia, appunto. Questo luogo pazzesco ospita una collezione di giochi che va dall'Ottocento fino al secondo dopoguerra: alcuni pezzi sono davvero rari e soprattutto rappresentativi dell'evoluzione della società, perché attraverso marionette, bambole e macchinine comprendiamo come i gusti e le tendenze dei bambini di ieri siano profondamente diversi da quelli di oggi (anche se, secondo me, un giocattolo proprio senza tempo è Pinocchio, e qui dentro ne troverete uno in legno che fa restare estasiati).

MUSEO DEL CAPPELLO A MONTAPPONE

Dal territorio anconetano ci dirigiamo ora a Sud, verso la provincia di Fermo, e precisamente nel paese di Montappone, un piccolo borgo famoso per la produzione di cappelli. Specifico: non solo Montappone, ma anche Massa Fermana, Monte Vidon Corrado e Falerone risultano oggi i distretti di produzione di cappelli più importanti non solo d'Italia ma d'Europa, ecco perché vale davvero la pena fermarsi qui. Questo museo unico nel suo genere nasce alla fine degli anni Novanta del Novecento, e racconta sostanzialmente dell'ingegno di una comunità, che crea – a partire da materiali di scarto! – un prodotto da esportare poi in tutto il mondo. Per questo all'interno del museo non troverete soltanto cappelli su cappelli – di ogni dimensione, colore e fattezza – ma anche una bella mostra fotografica e un video clip della Rai in cui si descrive minuziosamente questo lavoro, svolto soprattutto dalle donne e dalle bambine, con le loro mani piccole e agili. Una chicca? Il cappello di uno dei registi italiani più amati del secolo scorso: Federico Fellini!

MUSEO INTERNAZIONALE DELL'UMORISMO NELL'ARTE A TOLENTINO

Da Fermo a Macerata il passo è breve, ed ecco che ci ritroviamo di nuovo a Tolentino (vi ricordate la storia dei castelli, no?) ma questa volta per un museo che farà il paio con un altro, ancora più particolare, di cui vi dirò a breve. Il MIUMOR è unico nella nostra Penisola, e nel mondo ne esistono pochissimi come lui: viene fondato negli anni Settanta da un medico e artista di Tolentino, Luigi Mari, che fu anche sindaco della città e che, udite, udite, nel 1961 inventò la Biennale della Caricatura, la futura Biennale internazionale dell'Umorismo nell'Arte. Il museo nasce proprio dalla Biennale, e oggi, all'interno, troverete le opere più importanti di alcuni celebri maestri della caricatura e dell'umorismo, sia dell'Otto che del Novecento, tra cui Leo Longanesi (sì, l'editore!), Roland Topor o Mino Maccari, per citarne solo tre. Ci sono davvero delle opere esilaranti, vi divertirete come matti. E per concludere, vi lancio una sfida: vediamo quanti ne riconoscerete ma... senza leggere la descrizione in basso, e non barate!

MUSEO DEL CINEMA A PENNELLO A MONTECOSARO

Ecco qui che dalle caricature ai bozzetti cinematografici il passaggio è quasi (dolcemente) «obbligato». Ci spostiamo ora a Montecosaro (anche lui, uno dei borghi più belli d'Italia, perché nelle Marche è tutto bello, ribadiamolo a gran voce anche per tutti coloro che non mi avevano ancora sentito) in una delle realtà permanenti più sorprendenti a livello nazionale. Avete capito bene, sì, il Museo del Cinema a Pennello – che porta secondo me un nome incantevole, tra le altre cose – è un luogo che esiste soltanto nelle Marche: qui dentro, nella più che suggestiva cornice di Palazzo Marinozzi (in cui, tempo addietro, si sono svolti importanti eventi riservati a personaggi come Totò, Gina Lollobrigida o le gemelle Kessler) potrete seguire un percorso espositivo di due piani ammirando le opere dei maggiori cartellonisti del cinema, e soprattutto vi verrà offerta un'occasione davvero imperdibile, quella di ammirare i bozzetti originali da cui venivano stampati i manifesti dei film che nessuno può dimenticare, come *Ben Hur*, *Psycho*, *Colazione da Tiffany* o *Profondo rosso*. Io sono letteralmente impazzita di fronte alle locandine dei film di Marilyn Monroe, un'icona immortale che ha realmente segnato un'epoca.

6 Da *Senigallia* a *Serra San Quirico*

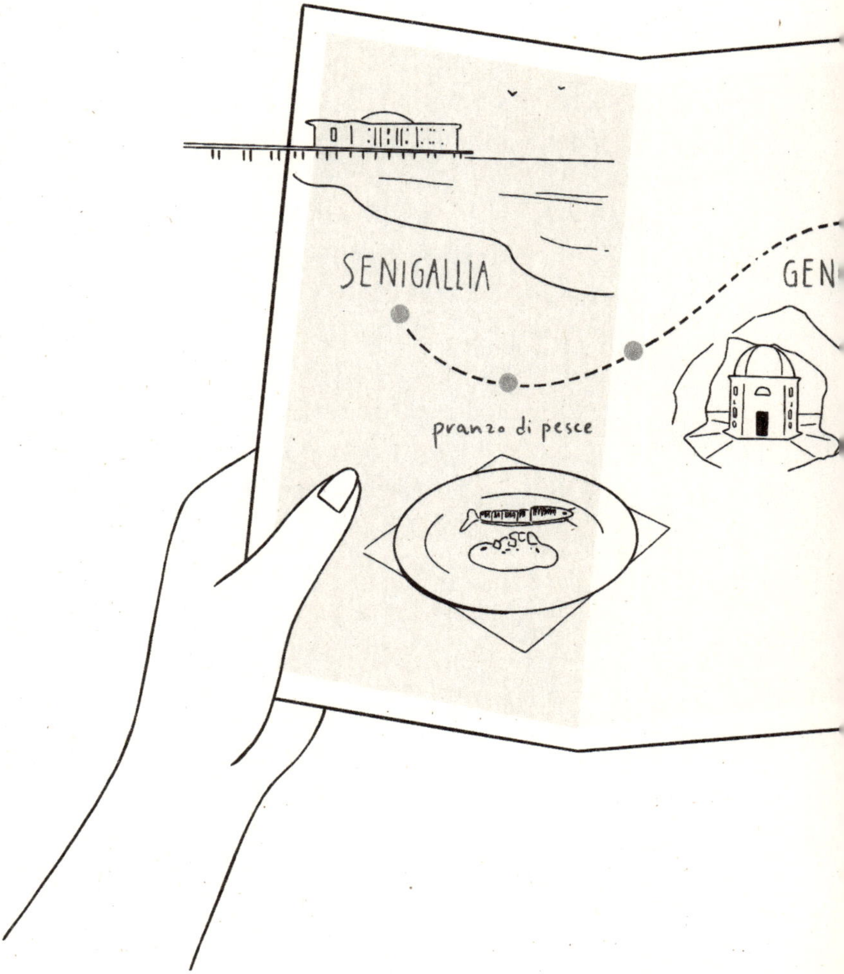

Ore 9:00

A **SENIGALLIA** mattinata di mare sulla Spiaggia di Velluto

Ore 12:30

Pranzo al Ristorante *Uliassi* (stellato), *Il Gabbiano* o *La Tartana*. Se preferisci un pranzo più rustico: *Trattoria Vino e Cibo*, per una cucina casalinga con piatti locali

Ore 14:00

Partenza per le **GENGA**, Grotte di Frasassi e Tempio del Valadier (circa 50 minuti di auto)

Ore 18:00

Tappa a **SERRA SAN QUIRICO**, un borgo medievale affascinante con le sue «copertelle» (strade coperte)

Ore 18:30

Aperitivo presso *La Locanda del Papa* (Arcevia) o *Le Copertelle* (Serra San Quirico)

Ore 20:00

Cena di ritorno a Senigallia da *Osteria del Teatro* o *La Taverna dei Guelfi*

IL GIARDINO DELLE FARFALLE A CESSAPALOMBO

Quello che sto per descrivervi è un posto per me molto caro: ci sono andata per la prima volta con mia figlia Sasha e ho chiarissimo nella mente il ricordo di lei che si aggira estasiata per questo splendido giardino, farfallina di mamma tra le farfalle in libertà (fatemi essere un po' sdolcinata, dopo che per i primi mesi di vita l'ho chiamata «mostriciattolo»!).

A Cessapalombo, un borgo in provincia di Macerata (siamo ancora nel maceratese ma un po' più all'interno, nell'area protetta del Parco Nazionale dei Monti Sibillini) che conta soltanto quattrocentoquaranta abitanti, esiste Il Giardino delle Farfalle, in cui chiunque vi accederà potrà sperimentare non solo un percorso guidato nel parco esterno, nel Museo Multimediale, nella Serra Osservatorio e nella Serra Emozionale, ma addirittura, al termine del giro, potrà rimanere all'interno dell'area per tutto il tempo che desidera, fino all'orario di chiusura.

Farfalle, insetti che indicano la qualità dell'ambiente e falene che popolano i Sibillini sono protagonisti di questo posto incantato, immerso in un'oasi di pace che vi rigenererà facendovi dimenticare il caos cittadino e le incombenze quotidiane.

Non solo: potrete anche prendere parte a delle escursioni, alle cosiddette passeggiate letterarie e, chicca delle chicche, una visita in costume (non quello da bagno, ma quello medievale) al Castello di Montalto!

MUSEO DELLE BARBIE A RIPATRANSONE

Anche questo luogo ho potuto visitarlo con la mia Sasha, sebbene lei non fosse già più piccola, ma ci siamo comunque divertite a reimmergerci in un'atmosfera che ci ha portato indietro nel tempo. Barbie non passerà mai di moda, e anche se ha compiuto proprio quest'anno ben sessantasei anni (portati divinamente! Beata lei) resterà per sempre uno dei simboli di un'intera generazione, continuando a far parlare di sé. A Ripatransone, in provincia di Ascoli Piceno, soprattutto se siete appassionati di vintage, non potrete perdervi questa particolarità: un museo dedicato interamente alle Barbie, e nel caso ve lo steste chiedendo, sì, c'è anche la prima Barbie realizzata nel lontano 1959 (oggi ne esistono pochissimi esemplari)! Quella con i capelli rossicci e un costume da bagno sensualissimo, a righe bianche e nere (del quale si è a lungo discusso, proprio perché, per gli standard degli anni Sessanta, lasciava poco all'immaginazione). Ma oltre a lei, troverete altre settecento bambole in esposizione, da quelle più antiche a quelle più recenti. Ho scoperto, però, che la proprietaria Rossella ne ha oltre millecinquecento! Un vero patrimonio che, diciamolo, le invidio un bel po'.

MUSEO MALACOLOGICO PICENO A CUPRA MARITTIMA

Ultimo ma non ultimo, restando in provincia di Ascoli Piceno, potrete entrare in un museo unico (eh lo so, lo ripeto spesso, ma le Marche sono davvero una regione... unica!) non soltanto in Italia ma addirittura nel mondo: a Cupra Marittima, al Museo Malacologico, c'è la più grande collezione di conchiglie mai certificata prima, con più di un milione di esemplari esposti e più di dodici milioni di conchiglie presenti. Numeri da capogiro che, da soli, valgono una gita in questo museo spaziale, in cui non si divertiranno soltanto i più grandi ma ovviamente anche i bambini: immaginatevi per un attimo mentre girate nella sezione Dinosauri o in quella dei Fossili... Io sono impazzita. Coralli, madreperle, squali, granchi, qui c'è davvero un mondo da scoprire che, per essere apprezzato nella sua interezza, vi chiederà almeno un paio d'ore di tempo, ma verrete ripagati da moltissima meraviglia, come per esempio la vecchia «vongolara» (imbarcazione tipica del medio e alto Adriatico) cuprense che si trova proprio all'interno del museo.

Arte nel cuore e nel... fuoco!

Uno dei primi artisti marchigiani di cui, purtroppo, ho soltanto sentito parlare appena mi sono trasferita in questa meravigliosa regione è Arnoldo Ciarrocchi, che mi rimase impresso soprattutto per via del nome, tanto particolare che fino ad allora non mi era mai capitato di sentirlo.

È stato un famoso incisore e scultore di Civitanova Marche, che affrontò gli studi artistici prima a Urbino, in quella città dal fascino quasi surreale e senza tempo di cui abbiamo parlato qualche paragrafo addietro, e poi a Roma, all'Accademia delle Belle Arti. Fu anche il figlio di un noto poeta, Aurelio Ciarrocchi, che, estroso com'era, si esprimeva soprattutto in dialetto civitanovese!

Arnoldo però aveva un legame speciale con Civitanova Alta, spesso ospite e soggetto dei suoi progetti artistici (dopo una prima fase in cui invece raffigurava soprattutto Roma), tanto che lo mantenne anche quando la sua via pittorica, per così dire, prese una piega visionaria e lirica, e lui iniziò a raccontare i gesti quotidiani, il vivere di ogni giorno, il vissuto personale mentre osservava l'ambiente che lo circondava, fatto di amici e famigliari.

Ve lo nomino, anche se non ho mai avuto il piacere di parlarci, non solo perché i suoi quadri – soprattutto i paesaggi, dipinti con i colori a olio, che rappresentano gli scorci marchigiani più suggestivi, in cui il verde della collina si sposa con l'azzurro del mare – sono di una bellezza e di una delicatezza disarmanti e mi infondono ogni volta una pace indescrivibile, ma anche perché lui fu grande amico di un altro artista, che la città di Sant'Elpidio a Mare conosce molto bene, tanto da avergli intitolato un grazioso auditorium: l'attore Graziano Giusti, che lo scorso anno, nel 2024, avrebbe compiuto ben 100 anni.

Il pittore Arnoldo Ciarrocchi
aveva un legame speciale
con la sua terra e con Civitanova Alta,
spesso ospite e soggetto
dei suoi progetti artistici.

Forse l'avrete già sentito nominare, perché Giusti non fu soltanto un celebre attore di teatro ma partecipò con ruoli di rilievo anche a numerosi film, tra cui *Il pap'occhio*, diretto nel 1980 da Renzo Arbore e con un cast spettacolare che includeva Roberto Benigni, Isabella Rossellini, Luciano De Crescenzo e Mariangela Melato, sua cara amica; o anche *Il portaborse*, un film di Daniele Luchetti con Nanni Moretti e Silvio Orlando; oppure *La sindrome di Stendhal*, un thriller psicologico diretto da Dario Argento con interpreti sua figlia Asia e per l'appunto Graziano Giusti e Lorenzo Crespi, fra gli altri.

Ma è sui palchi dei teatri della Penisola che Graziano diede davvero il meglio, sprigionando tutta la sua energia creativa: lavorò con Giorgio Strehler e poi con Vittorio Gassman, che lo chiamava nientemeno che «maestro», e poi con Giancarlo Giannini e Lina Sastri – che vennero spesso a Casette, nell'ultimo periodo della sua malattia, per trascorrere del tempo con lui. Il suo talento arrivò perfino all'estero, quando recitò in alcune opere di Luigi Pirandello. Ne sentivo parlare con ammirazione e devozione, e nel tempo ho capito perché.

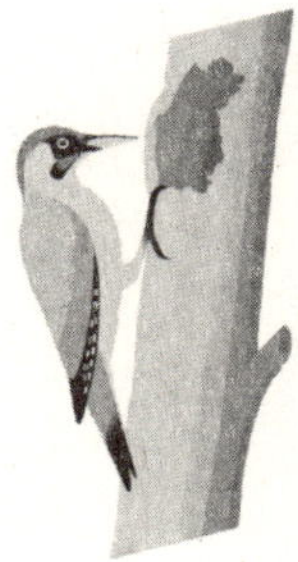

Di lui ho un ricordo in particolare, e che per quanto sia sommario o superficiale poiché non avevamo un legame di amicizia, mi torna in mente ogni volta che vedo una scena di un suo film: non era solo un artista di caratura nazionale, ma è stato soprattutto un uomo generoso con il suo pubblico e di grande, grandissima ironia. Diede molto anche a Sant'Elpidio – sebbene abbia sempre tenuto a precisare che proveniva dalla frazione, Casette d'Ete! – con la sua scuola di recitazione, grazie alla quale formò molti giovani che avrebbero poi tentato di intraprendere una carriera simile alla sua.

Se con Ciarrocchi e Giusti eravamo ancora in territorio fermano, ora mi sposto di pochissimo, in territorio maceratese e precisamente a Cingoli, in compagnia di un altro artista di bravura indescrivibile, colui che nel tempo, come dicevo poco fa, è diventato anche un grande amico: Nazareno Rocchetti, che per me è «Nazarè», e basta.

Matto come un cavallo – ma matto vero, eh! Nel senso più spiritoso e affettuoso del termine –, Nazareno è un amico, un artista e un grande uomo; non c'è commemorazione, presentazione, mostra o premiazione in cui non mi inviti: «Nat» così mi chiama sempre lui, «lo sai che sei la mia musa, vero? Vieni?». Che ruffiano. Sono così tanto la sua «musa» che una scultura dedicata a me ancora non l'ha realizzata. Ma magari, dopo questo libro... Nazarè, che dici?

Ho la fortuna di avere tante opere di questo grandissimo artista molto estroverso, che partendo dalla «tecnica del fuoco» – sviluppata da lui stesso e il cui segreto custodisce gelosamente, ci tengo a sottolinearlo, così come va detto che si tratta di una tecnica bellissima ma molto pericolosa, a causa delle esalazioni – con cui crea dipinti unici, si è poi evoluto nell'ambito della scultura operando in modo sorprendente, direi addirittura magistrale. Adoro perdermi nei suoi quadri, dove per l'appunto il fuoco – elemento fondamentale della nostra vita – pilota Rocchetti nella creazione di immagini fuori da ogni tempo e spazio, in una fusione di colori che sembrano avere quasi il dono della parola, lasciando così all'immaginazione di ciascuno la possibilità di costruire un nuovo universo.

Ma credo che conoscerete già Nazareno Rocchetti in virtù della realizzazione della sua splendida opera, *Il Cristo delle Marche*, la scultura che abbraccia la Regione, realizzata in pietra nera d'Africa e posizionata in un luogo magico, Avenale di Cingoli, da dove potrete godere di un panorama e di un'atmosfera che descrivere a parole diventa impossibile, poiché rischierei di sminuire la magia che proprio lì si respira.

In ogni caso, Nazareno Rocchetti non è famoso soltanto per questo (e per aver esposto a Mosca, a San Pietroburgo, nella mia Russia!, così come al Distretto di Cultura di Bruxelles), ma anche perché, proprio a casa sua, ha creato qualcosa di davvero strabiliante, il cosiddetto «prato dei sogni»: un immenso giardino in cui le sculture, prima di prendere destinazioni diverse, «riposano» a cielo aperto regalando emozioni a tutti coloro che hanno la fortuna di arrivare fino a lì, nella località di Santa Maria del Rango, a Cingoli, perdendosi così in tutte le sfumature delle emozioni che riescono a trasmettere.

Ribadisco con convinzione che Nazarè è proprio «matto come un cavallo», come tutti i grandi artisti del resto, ma se gli dite che vi manda Natasha, allora vi aprirà il suo giardino fatato a braccia aperte.

Nazarè… addè dico a te, sci, a te… 'spetto ancora l'opera co' li capelli biondi… (Nazareno… adesso dico a te, sì, a te… aspetto ancora l'opera con i capelli biondi) Firmato: la tua «musa» (chissà, poi, se sono davvero l'unica musa).

Ah, un'ultima cosa, Nazarè: mio marito attende di sapere la tecnica segreta del fuoco. Vedi tu…

Se con Nazareno l'amicizia che ci lega va davvero oltre qualunque rapporto professionale o di stima artistica, che pure c'è ed è enorme, l'ultimo artista – ma non per importanza, assolutamente! – di cui, dulcis in fundo, vorrei parlarvi è originario di Grottammare, fu legatissimo a questa regione anche quando si trasferì a Roma, e io ne scrivo con una certa commozione. Si tratta di Pericle Fazzini (che nel 1968 vinse perfino il Premio Feltrinelli per la Scultura). Lo so, lo conoscerete già, vi basterà pensare alla sontuosissima, strabiliante opera che si trova in Sala Nervi a Roma, *La Resurrezione*.

Ho avuto la fortuna non di conoscerlo direttamente, purtroppo, poiché è venuto a mancare prima che mi trasferissi in Italia, ma attraverso le parole e i racconti di suo nipote Emanuele Buzzanca, che è anche il suo unico erede, e marito di una mia cara amica, una di quelle persone che magari senti una volta al mese ma a cui non smetti mai di voler bene, Elisabetta De Sanctis

– la quale, fra l'altro, è anche proprietaria di un bellissimo negozio a Civitanova Marche, «Soho».

Immaginatevi la mia espressione quando Emanuele ha iniziato a raccontarmi gli aneddoti legati a suo nonno, perché dovete sapere che lui ha sempre vissuto con Pericle, fin da quando aveva due anni, nella casa della famosissima via Margutta a Roma. Tantissimi sono i ricordi di vita insieme, mi emoziona anche solo pensarci.

Pericle Fazzini, originario di Grottammare, nonostante fosse famoso in tutto il mondo, rimase sempre un uomo di estrema umiltà.

Emanuele mi racconta che andava ogni giorno a trovarlo nel suo studio, cercando di imitarlo, di scolpire come faceva nonno Pericle, insomma, di fare le cose come lui. Ma era piccolo e quindi l'unica cosa che gli veniva bene, alla fine, era... rompere con il martello i nasi di quasi tutte le sue sculture! Fazzini non diceva nulla, perché è vero che era già un artista di grande successo, ma era pur sempre «nonno Pericle», e quindi si rimetteva pian piano a ricostruire i danni di Emanuele.

Le parole di Emanuele suggeriscono subito una cosa, importantissima: Pericle Fazzini, nonostante fosse famoso in tutto il mondo, era un uomo di estrema umiltà: pensate che una delle sue migliori amiche fu nientemeno che Jacqueline Kennedy, e quando è stato invitato al matrimonio di John Kennedy e di Jacqueline Pericle non andò, si vergognava! Anzi, diceva proprio a sua moglie: «Ma dove vado io? Al matrimonio del Presidente degli Stati Uniti? Sono solo uno scultore».

Eh, «solo uno scultore»...

E di fatto non andò, eh! Mantenne la parola. Ma la cosa buffa è che quando, qualche settimana dopo, venne invitato alla comunione della figlia di un muratore che stava finendo alcuni lavori nella loro casa di campagna, Pericle si presentò senza batter ciglio. Immediatamente! Ecco chi era Pericle Fazzini: prima ancora di essere il genio che tutti oggi conosciamo, è stato un essere davvero «umano».

Quando poi ho domandato a Emanuele quali fossero le sculture a cui lui si sentiva più legato, mi ha risposto senza esitazioni: *Il ragazzo con i gabbiani*, che ho avuto la fortuna di vedere anche io!

Oltre a essere, oggi, Patrimonio dello Stato Italiano, bloccata addirittura come Tesoro d'Italia, è una scultura che ritrae, sostanzialmente, un giovanissimo Pericle Fazzini, che da ragazzo correva sulla spiaggia raccogliendo telline, mentre sopra la sua testa si librano in volo dei maestosi gabbiani.

Un'altra scultura a cui suo nipote è molto legato è il ritratto che nonno Pericle fece della nonna, dunque sua moglie: Emanuele quasi si commuove ricordando quell'opera, perché la mente non può non tornare ai tanti anni trascorsi assieme, al loro vissuto comune, alla bontà di quell'uomo così aperto al mondo e così desideroso di offrire il suo umile, prezioso, magnifico contributo, rendendo questo grande luogo in cui abitiamo tutti noi un po' meno triste.

Aggiungo anche io qualcosa, a questo punto, e cioè che tante sono le opere di Fazzini che trovate nel mondo, e a voler rimanere in Italia vi suggerisco prima di andare al Museo Peggy Guggenheim di Venezia, dove nella sezione esterna, all'aperto, si trova *La Sibilla.* A Grottammare, invece, c'è *Il ragazzo con i gabbiani* (di cui Emanuele ci parlava poco fa), nella zona Nord del lungomare; sempre sul lungomare di Grottammare c'è *Il ragazzo che declama*, che perfino Vittorio Sgarbi ha voluto all'Expo di Milano come simbolo della scultura italiana; ancora a Grottammare, poi, nella piazza a lui dedicata, piazza Pericle Fazzini per l'appunto, si trova la scultura *Metamorfosi*, commissionata da Jacqueline Kennedy per la morte del marito ma mai installata a Dallas, e quindi Pericle decise poi di donarla al Comune di Grottammare – a testimonianza ulteriore della sua generosità.

Se volete ammirare, sempre nelle nostre Marche, altre opere di Pericle Fazzini, sappiate che, una volta all'anno, per il FAI, Emanuele apre la sua casa di Grottammare, dove in giardino svettano sculture in bronzo tra cui *La danza delle streghe*, *Il passaggio del Mare*b e *La danza*, un bassorilievo in bronzo la cui versione originale, in legno, è – statemi bene a sentire – conservata nella casa di Curzio Malaparte.

Avete capito cosa sono le Marche? Non una regione, ma un mondo intero.

6

Là dove l'impresa ***diventa cultura*** del territorio

Grandi marchi per grandi Marche

Non avrei mai potuto parlare di Marche tralasciando una di quelle cose per cui questa regione è diventata famosa non solo in Italia ma nel mondo, e lo testimoniano anche tutte quelle persone – sicuramente ce ne sono anche fra voi, lettrici e lettori! – che costantemente mi chiedono: «Dov'è tale outlet? E quell'altro? Dove posso comprare le scarpe di X o Y?». Perché il punto è che le Marche non sono solo colline, mare, montagna, borghi e ristoranti, ma sono anche imprese, lavoro, moda e industria (Oltre ad avere, come abbiamo scritto a più riprese, il maggior numero di borghi certificati tra i più belli d'Italia).

Qui hanno sede aziende fra le più prestigiose al mondo nel loro settore, penso all'impero Tod's di Diego Della Valle, esempio di grande imprenditoria e virtù industriale, originario proprio di Casette d'Ete – come tiene a precisare lui stesso, con grande orgoglio, ogni volta che ne ha occasione; penso a Santoni, a Le Silla, a Rodo, a Delio Franceschetti, a Loriblu, a Guardiani e Nero Giardini. Non solo: qui nelle Marche c'è una ben avviata produzione anche di prodotti Loro Piana, Fendi, Gucci, Prada, Chanel e tanti altri, se vogliamo rimanere nell'ambito delle calzature e degli accessori, ma abbiamo grandi aziende che si occupano anche di arredamento, come Frau, le cucine Lube, Ariston; o di agroalimentare, come il gruppo Fileni o il caseificio Sabelli. E poi la prestogiosa sartoria di Luca Paolorossi, mio amico di Filottrano, che ha tagliato e cucito per me i più bei smoking e tailleur che abbia mai avuto (se non lo avessi nominato mi avrebbe di sicuro tolto la cittadinanza onoraria prima ancora di concedermela).

Certo, difficile nominarli proprio tutti, ma sono sicura che prendendo spunto anche solo da alcuni di loro, nel caso vi andasse di approfondire l'argomento, un bel viaggetto nelle Marche vi toglierà qualunque curiosità o dubbio. Anche perché, ognuna di queste aziende ha il proprio outlet, così come i tantissimi altri preziosi artigiani che rendono famose le nostre Marche.

Il successo delle imprese, dei calzolai e dei creativi marchigiani è dato anche dal fatto che le aziende investono moltissimo nelle nuove tecnologie.

Tra l'altro… siamo nelle Marche, un po' di marche di qualità ci vogliono, o no? (Questa battuta fa ridere solo me ma era dall'inizio del libro che sognavo di farla e quindi adesso ve la beccate. Portate pazienza.)

Parlando proprio di outlet, anzi, vi consiglio, nel vostro eventuale viaggio, di lasciarvi un giorno o due per visitarne qualcuno e, carte di credito alla mano (magari non vostre, fatevela prestare da qualcuno che vi voglia molto ma molto bene), spendere tutto lo spendibile. Accontentate chiunque, amici, parenti, figli, mariti, mogli, fidanzati e fidanzate… La felicità viene prima di tutto, giusto? Muoviamo l'economia, come ricordo spesso a mio marito quando borbotta per via di qualche scarpa di troppo nel guardaroba.

Il successo delle imprese marchigiane, e in generale degli artigiani, dei calzolai, degli imprenditori e di tutti i creativi che arricchiscono questa regione, è dovuto anche al fatto che le aziende investono moltissimo nelle nuove tecnologie, nell'informatizzazione, nell'applicazione dell'intelligenza artificiale, e anche nella ricerca e nello sviluppo della tecnologia 3D, come ha fatto, ad esempio, il suolificio Dami, a Sant'Elpidio a Mare.

Dietro tanto lavoro, e anche dietro al fatto che occorre essere lungimiranti per abbracciare le novità e trasformarle in opportunità di lavoro e di futuro, c'è ovviamente il supporto di associazioni piuttosto importanti, sia pubbliche che private, che affiancano queste aziende e che si adoperano affinché possano avere dei sussidi, o addirittura aprire dei mercati nel mondo: penso a Confesercenti, con cui collaboro spesso, o a Confesia, per l'intelligenza artificiale e per l'attenzione agli attrattori turistici e alle tendenze del settore legate alla tecnologia, fondamentale per il rinnovamento, o alla stessa Regione Marche che è sempre molto presente come promotrice nel mondo delle nostre aziende.

Alla fine, dobbiamo dirlo con chiarezza: le Marche non sono soltanto sinonimo di grandi paesaggi, di castelli con leggende magiche, di boschi e di monti in cui la spiritualità la fa da padrone. Le Marche sono tante cose insieme, e quindi sono anche sinonimo di dinamicità, virtuosismo e impegno.

Nelle Marche si lavora tanto e bene e si vive ancora meglio.

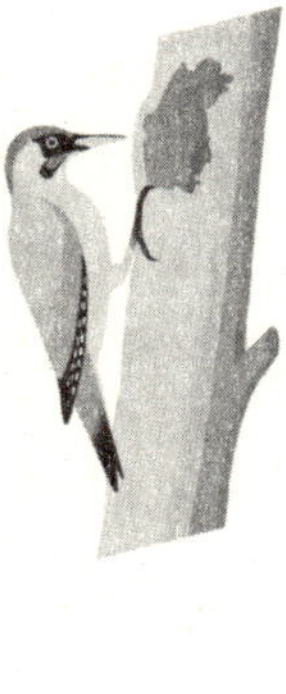

Medioevo sì, ma che stile!

Siamo arrivati quasi alla fine del nostro avventuroso tour delle Marche, e spero a questo punto di avervi trasmesso quantomeno un po' del mio entusiasmo nell'intraprendere un viaggio che, ve lo assicuro, non dimenticherete facilmente. Perché è vero, e lo dico da russa trasferita in Italia, tutti i Paesi e tutte le regioni hanno qualcosa di sensazionale da regalarci, ma con alcuni serve un impegno maggiore: occorre un ascolto più raffinato, una sensibilità più sottile per coglierne non solo le bellezze oggettive ma per scoprire tutto quello che alcuni luoghi, di primo acchito, sembrano non rivelare.

Le Marche, proprio perché hanno un'anima così silenziosa e discreta, fanno fatica talvolta, a raccontarsi. Per quello ho voluto guidarvi, da straniera che ormai non lo è più, in un universo che va al di là di aspettative, pregiudizi e luoghi comuni, facendovelo osservare con i miei personalissimi occhi – che, com'è chiaro, non hanno ancora sperimentato tutto quello che è a disposizione, ma che ogni giorno di sforzano di scovare il dettaglio mancante.

Ci tengo per questo a ribadire un concetto che avrete già notato nelle pagine iniziali e che ho provato a disseminare ripetutamente nel corso della scrittura: queste sono le «mie» Marche, e di sicuro lascerò indietro qualche cittadina magica o qualche ristorante con una cucina eccellente, ma conto di rimediare presto non appena lo testerò. Perché di una cosa potete star sicuri: se l'ho provato, l'ho scritto, ma se non ci sono mai andata... non ve lo suggerisco! Le cose devo viverle sulla mia pelle per poter essere sicura di consigliarle a qualcun altro. Mi sembra giusto, no? Qui, o si fa tutto per bene o non lo si fa per niente, come dice mia suocera Tania.

Se vi capiterà di imbattervi in qualcosa che nella guida non c'è… ditemelo, che *ce vaco subbeto* (ditemelo, che ci vado subito)!

E sia chiaro, se non riuscite a provare tutto ciò che vi consiglio, niente paura… *mica dovete fa' tutto 'na bbotta, potete 'rvinicce con calma anche due, tre volte!* (Mica dovete provare tutto in un solo colpo, potete tornare nelle Marche anche due, tre volte!)

Ringraziamenti

Alla mia famiglia e a mio marito Luca Sabbioni, che non smette mai di credere in tutto ciò che faccio e che mi supporta anche quando lo stresso, chiamandolo venti volte al giorno. Che sia in Cina o nelle Marche, il modo per aiutarmi (borbottando un pochino) lo trova sempre.

A Nonna Tania, che ci accompagna sempre nelle nostre escursioni marchigiane, raccontando, quando è possibile, i suoi trascorsi e le sue esperienze in questi luoghi magici.

A tutto il team di Cairo Editore, e in particolare a Rossella ed Elena che hanno creduto in questo progetto e l'hanno sposato fin da subito.

A Giulia Ciarapica, che ha costruito insieme a me questa guida e mi ha aiutato nella selezione dei luoghi riconoscendo la voce migliore con cui raccontarli.

Ad Alessandra Bruni, che ha dato forma ai miei desideri attraverso illustrazioni che mi lasciano stupefatta ogni volta che le guardo.

A Paride Vitale, che dall'esperienza di *Pechino Express* è diventato un amico vero, a cui voglio un bene grande, tanto quanto so che lui ne vuole a me (nonostante gli copi una marea di cose… ma non la regione!).

A Michela Romagnoli e Alessandro Andrenacci, amici della mia seconda vita italiana, punto di riferimento umano ed emotivo, che non mancano di tendermi una mano nel momento del bisogno.

A Romano Rossi e Valeria Bedetta, che sono parte integrante dell'anima di questo libro.

A Elena Capriotti, per tutte le indicazioni preziose che mi ha regalato e che hanno contribuito a rendere speciale questo lavoro.

A Confesercenti, sempre attenta alla crescita delle piccole imprese.

A Giorgio Tortoni, senza il quale non sarei riuscita a realizzare delle riprese fantastiche nelle mie amate Marche.

E a voi lettori, marchigiani e non, che avete avuto voglia di condividere con me l'entusiasmo per la bellezza di una terra silenziosa ma ricchissima.

Grazie, oggi e sempre.

Appunti di viaggio

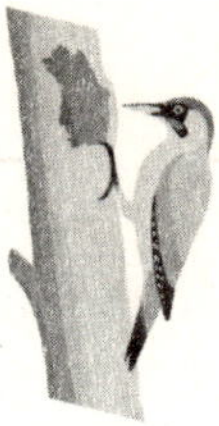

Appunti di viaggio

Appunti di viaggio

Appunti di viaggio

Finito di stampare nel mese di aprile 2025
per conto di RCS MediaGroup S.p.A.,
da Rotolito S.p.A., Via Sondrio, 3, Pioltello (Milano)
Printes in Italy